Learn Marathi through Hindi

सम्पूर्ण व्याकरण सहित

हिंदी मराठी

बोलना सीखें

संपूर्ण व्याकरण सहित हिंदी–मराठी बोलना सीखें

V&S PUBLISHERS

Published by:

V&S PUBLISHERS

F-2/16, Ansari road, Daryaganj, New Delhi-110002
☎ 23240026, 23240027 • *Fax:* 011-23240028
Email: info@vspublishers.com • *Website:* www.vspublishers.com

Regional Office : Hyderabad

5-1-707/1, Brij Bhawan (Beside Central Bank of India Lane)
Bank Street, Koti, Hyderabad - 500 095
☎ 040-24737290
E-mail: vspublishershyd@gmail.com

Branch Office : Mumbai

Jaywant Industrial Estate, 1st Floor–108, Tardeo Road
Opposite Sobo Central Mall, Mumbai – 400 034
☎ 022-23510736
E-mail: vspublishersmum@gmail.com

Follow us on:

प्रकाशकिय टिप (Publisher's Note)

पुस्तकों के बाजार में वी एन्ड एस पब्लिकेशन का नाम प्रसिद्ध है। क्योंकी यह संस्था बड़े पैमानें पर पुस्तकें प्रकाशित करती हैं। हम पर विश्वास रखनेवाले हमारे ग्राहकों को उचित दामों पर विविध विषय से सम्बधित पुस्तकें उपलब्ध करा देना यह हमारा लक्ष्य है। इस लक्ष्य को ध्यान मे रखते हुए हम हमारे पाठकों को विविध लेखकों की रचनायें समय–समय पर उपलब्ध करवाते रहते हैं।

भारत एक विशाल देश है। इस देश के लोगों ने भाषा के माध्यम के तौर पर अंग्रेजी भाषा को स्वीकार किया है। जब की लोग दुसरी ओर से भी शिक्षित होने का प्रयास कर रहें है। उसी प्रकार मराठी भी मिड़िया भाषा (मिड़िया को जोडने वाली) मानी जाती है। इस देश कि बहुत बड़ी जनसंख्या मराठी भाषा बोलती है और देश के एक तिहाई लोग मराठी समझने लगे हैं। कुछ स्कुलों में मराठी भाषा पढाई जाती है, लेकिन लोगों में राष्ट्रीय एकात्मता का निर्माण करना हमारा प्रमुख ध्येंय है। इसी प्रयोजन से वी एन्ड एस हिन्दी के माध्यम से व्याकरण के साथ मराठी सिखाने वाली यह पुस्तक प्रकाशित करने जा रहा है।

अथक परिश्रम और दीर्घकाल संशोधन के बाद यह पुस्तक ज्ञानी लोगों की मदद से बनाई गयी है। भाषा सिखाने वाली अन्य पुस्तकों कि तरह इस पुस्तक में भी व्याकरण का समावेश किया गया है। इस पुस्तक में दी गयी व्याकरण की सरल विधियों के साथ आप अच्छी तरह से मराठी बोल और समझ पायेंगे। और इस विषय को आसानी से समझ कर इसपर अपनी पकड़ जमा पायेंगे।

इस पुस्तक की रचना आसान व्याकरण के साथ और रोजमर्रा के उपयोग में आने वाले संभाषण के साथ की गई है। इस वजह से आपको समझने में आसानी होगी। यद्यपी यह पुस्तक हिन्दी–मराठी है फिर भी इसमें आवश्यकतानुसार कई जगह पर अंग्रेजी शब्दों का भी इस्तेमाल किया गया हैं। जो वाचकों को कठिन मराठी शब्द/वाक्य समझने मे मदद करेंगे। बस स्टैन्ड, बाजार, रेलवे स्टेशन होटल्स इत्यादी जगहों पर उपयोग में लाये जाने वाले मराठी शब्द और वाक्यों का उपयोग किया गया है। यह पुस्तक आपको मराठी भाषा बोलने वाले लोगों के साथ आसानी से बात करने में जरुर सहायक होगी।

प्रस्तावना (PREFACE)

देवगिरी के यादव राजा रामदेव राय 800 साल पहले मराठी को राजभाषा के रुप में स्वीकार किया था, तथा मराठवाडा के वेरुल गाँव मे जिनका ननिहाल था उन छत्रपति शिवाजी महाराज ने 400 साल पहले मराठी को राज मान्यता दी थी।

भारत बहुत बडा देश है। यहाँ पर अनेक भाषायें बोली जाती है। दुनिया के हर देश एक या एक से अधिक भाषायें बोली जाती हैं, किन्तु भारत मे सैकडों भाषायें बोली जाती हैं। देश की मुख्य भाषाओं के रूप में बीस भाषायें बोली जाती है। मराठी भाषा उनमें से एक है।

एक जमाना था जब हर प्रांत कि व्यक्ति उसी प्रांत में रहता था। वहाँ के लोगों से उसी प्रांत की भाषा में बात करता था। वहाँ उपजने और बनने वाली धान इत्यादी वस्तुऐं वहीं खरीदी और बेची जाती थी। समाज का स्वरुप तब बहुत छोटा था। लेकिन आज यह परिस्थिति बदल गई है। समाज का विस्तार बढ गया है। प्राचीन काल की तरह मानव एक ही जगह नहीं रहता। अपने कारोबार के सिलसिले में उसे देश–विदेश जाना पडता है।

वह जमाना अब नहीं रहा की भाषा न आने पर अपनी वस्तु या उत्पादन के बारे में संकेतों के सहारे बताया जाये। परिवहन प्रणाली का विस्तार होने की वजह से इनसान बड़ी आसानी से एक जगह से दुसरी जगह आने जाने लगा है। इसलिये अपने प्रांत की भाषा के अलावा और प्रांत की भाषाऐं जानना यह आज की अहम जरुरत हो गई है।

किसी भी भाषा को समझने के लिये उस भाषा का व्याकरण समझना जरुरी होता हैं। इस उद्देश्य से इस पुस्तक में व्याकरण का भी समावेश किया गया है। मराठी वर्णमाला के साथ–साथ मराठी व्याकरण के नियम छोटे–छोटे और आसान उदाहरणों के साथ दिये गये हैं।

किसी भी भाषा को केवल पुस्तकों के नियमों को समझ कर आत्मसात नहीं किया जाता। भाषा पर प्रभुत्व पाने हेतु उसका व्यवहार में उपयोग नही किया गया तो यह प्रयत्न व्यर्थ जाते है। इसलिये इस पुस्तक में व्यवहार में होने वाली दैनंदिन बातचीत के उदाहरण दिये गये हैं और साथ में दिये गये आकर्षक सी.डी. की मदद से उन शब्दों के उच्चारण करने का तरीका भी समझ में आयेगा, जो आपको आत्मविश्वास के साथ मराठी में बात करने के लिए प्रोत्साहित करेगा। क्योकि किसी भी भाषा को पुरी तरह से आत्मसात करने के लिये वाक्यों का उच्चारण सही ढंग से करना जरुरी होता है।

स्कुलों में मुख्य या वैकल्पिक रुप से मराठी भाषा चुनने वाले विद्यार्थियों के लिये भी यह पुस्तक उपयुक्त साबित होगी। इस के अलावा, अलग भाषा में अभिरुचि रखने वाले हिन्दी भाषी के लिये भी यह मदद रुप होगी। किसी तरह का संभ्रम न रहे इस लिये आवश्यकता अनुसार अंग्रेजी शब्दों का भी प्रयोग किया गया है।

इस किताब में कोई कमी रह गई हो तो क्षमा चाहतें है। पुनः किताब छापते समय इन गलतियों को न दोहराया जाये इस बात का ख्याल रखा जायेगा।

प्रकाशक

विषय सूची (Contents) अनुक्रमणिका

प्रकाशकीय   (Publishers Note)   प्रकाशकीय
प्रस्तावना   (Preface)   प्रस्तावना

Part - 1

Part - 2

Part - 3

Part - 4

Part - 5

Part - 6

भाग - 1
PART- 1
भाग -1

1 हिन्दी वर्णमाला (Alphabet) मराठी वर्णमाला

स्वर (Vowels) स्वर

कोई भी भाषा सीखने के पहले उस भाषा की वर्णमाला सीखना जरुरी है। मराठी भाषा में 51 वर्ण होते हैं।

अ	आ	इ	ई	उ	ऊ	ऋ
अ	आ	इ	ई	उ	ऊ	ऋ
ए	ऐ	ओ	औ	अं	अः	
ए	ऐ	ओ	औ	अं	अः	

व्यंजन (Consonants)

क	ख	ग	घ	ङ.	क वर्ग
क	ख	ग	घ	ङ.	
च	छ	ज	झ	ण	च वर्ग
च	छ	ज	झ	ण	
ट	ठ	ड	ढ	ण	ट वर्ग
ट	ठ	ड	ढ	ण	
त	थ	द	ध	न	त वर्ग
त	थ	द	ध	न	
प	फ	ब	भ	म	प वर्ग
प	फ	ब	भ	म	
य	र	ल	ळ	व	य वर्ग
य	र	ल		व	
श	ष	स	ह		
श	ष	स	ह		

नोटः हिन्दी भाषा में पारंपारिक वर्णमाला अनुसार 57 वर्ण होते हैं।

संयुक्ताक्षर (Compound Letters) जोडाक्षरे

क्ष	त्र	ज्ञ	श्री
क्ष	त्र	ज्ञ	श्री

व्यंजन और स्वर संधी–चिन्ह
(Joining of consonants and Vowels symbols)

किसी भी भाषा के व्यंजन मुलरुप में अर्थपुर्ण नहीं होते हैं। उन्हे स्वरों की मदद लेनी पड़ती है। कैसे, यह नीचे बताया गया है।

व्यंजन		स्वर	चिन्ह	अक्षर
क्	+	अ	–	क
क	+	आ	ा	का
क	+	इ	ि	कि
क	+	ई	ी	की
क	+	उ	ु	कु
क	+	ऊ	ू	कू
क	+	ऋ	ृ	कृ
क	+	ए	े	के
क	+	ऐ	ै	कै
क	+	ओ	ो	को
क	+	औ	ौ	कौ
क	+	अं	ं	कं
क	+	अः	:	कः

नोट : इस प्रकार बाकी के व्यंजनों में स्वर और चिन्हों की मदद से बाराहखड़ियाँ सीख सकते हैं।

व्यंजन और स्वर संधि–चिन्ह
(Joining of consonants and consonants- symobls)

नोट : बाराहखड़ियाँ   चिन्ह के साथ सीखी जाती है।

अक्षर	चिन्ह	अक्षर	चिन्ह
क	क्	क	क्
ख	ख्	ख	ख्
ग	ग्	ग	ग्
घ	घ्	घ	घ्
च	च्	च	च्
छ	छ	छ	छ
ज	ज्	ज	ज्
झ	झ्	झ	झ्
ट	ट	ट	ट
ठ	ठ	ठ	ठ
ड	ड	ड	ड
ढ	ढ	ढ	ढ
ण	ण्	ण	ण्
त	त्	त	त्
थ	थ्	थ	थ्
द	द्	द	द्
ध	ध्	ध	ध्
न	न्	न	न्
प	प्	प	प्
फ	फ	फ	फ
ब	ब्	ब	ब्
भ	भ्	भ	भ्
म	म्	म	म्
य	य्	य	य्
र	र्	र	र्
ल	ल्	ल	ल्
ळ	ळ	ळ	ळ
व	व्	व	व्
श	श्	श	श्
ष	ष्	ष	ष्
स	स्	स	स्
ह	ह	ह	ह
क्ष	क्ष	क्ष	क्ष

2

बाराहखडियाँ (Groupings)

नीचे मराठी बाराखडी दी गई है। हर अक्षर हिन्दी अक्षर समान है इसलिये अलग से हिन्दी शब्द देने की जरुरत नहीं है।

क	का	कि	की	कु	कू	के	कै	को	कौ	क	कः
क	का	कि	की	कु	कू	के	कै	को	कौ	कं	कः
ख	खा	खि	खी	खु	खू	खे	खै	खो	खौ	ख	खः
ख	खा	खि	खी	खु	खू	खे	खै	खो	खौ	ख	खः
ग	गा	गि	गी	गु	गू	गे	गै	गो	गौ	गं	गः
ग	गा	गि	गी	गु	गू	गे	गै	गो	गौ	गं	गः
घ	घा	घि	घी	घु	घू	घे	घै	घो	घौ	घ	घः
घ	घा	घि	घी	घु	घू	घे	घै	घो	घौ	घ	घः
च	चा	चि	ची	चु	चू	चे	चै	चो	चौ	चं	चः
च	चा	चि	ची	चु	चू	चे	चै	चो	चौ	चं	चः
छ	छा	छि	छी	छु	छू	छे	छै	छो	छौ	छं	छः
छ	छा	छि	छी	छु	छू	छे	छै	छो	छौ	छं	छः
ज	जा	जि	जी	जु	जू	जे	जै	जो	जौ	जं	जः
ज	जा	जि	जी	जु	जू	जे	जै	जो	जौ	जं	जः
झ	झा	झि	झी	झु	झू	झे	झै	झो	झौ	झं	झः
झ	झा	झि	झी	झु	झू	झे	झै	झो	झौ	झं	झः
ट	टा	टि	टी	टु	टू	टे	टै	टो	टौ	टं	टः
ट	टा	टि	टी	टु	टू	टे	टै	टो	टौ	टं	टः
ठ	ठा	ठि	ठी	ठु	ठू	ठे	ठै	ठो	ठौ	ठं	ठः
ठ	ठा	ठि	ठी	ठु	ठू	ठे	ठै	ठो	ठौ	ठं	ठः
ड	डा	डि	डी	डु	डू	डे	डै	डो	डौ	ड	डः
ड	डा	डि	डी	डु	डू	डे	डै	डो	डौ	डं	डः
ढ	ढा	ढि	ढी	ढु	ढू	ढे	ढै	ढो	ढौ	ढं	ढः
ढ	ढा	ढि	ढी	ढु	ढू	ढे	ढै	ढो	ढौ	ढं	ढः
ण	णा	णि	णी	णु	णू	णे	णै	णो	णौ	णं	णः
ण	णा	णि	णी	णु	णू	णे	णै	णो	णौ	णं	णः
त	ता	ति	ती	तु	तू	ते	तै	तो	तौ	तं	तः
त	ता	ति	ती	तु	तू	ते	तै	तो	तौ	तं	तः
थ	था	थि	थी	थु	थू	थे	थै	थो	थौ	थं	थः
थ	था	थि	थी	थु	थू	थे	थै	थो	थौ	थं	थः
द	दा	दि	दी	दु	दू	दे	दै	दो	दौ	द	दः
द	दा	दि	दी	दु	दू	दे	दै	दो	दौ	दं	दः
ध	धा	धि	धी	धु	धू	धे	धै	धो	धौ	धं	धः
ध	धा	धि	धी	धु	धू	धे	धै	धो	धौ	धं	धः
न	ना	नि	नी	नु	नू	ने	नै	नो	नौ	न	नः
न	ना	नि	नी	नु	नू	ने	नै	नो	नौ	न	नः

प	पा	पि	पी	पु	पू	पे	पै	पो	पौ	पं	पः
प	पा	पि	पी	पु	पू	पे	पै	पो	पौ	पं	पः
फ	फा	फि	फी	फु	फू	फे	फै	फो	फौ	फं	फः
फ	फा	फि	फी	फु	फू	फे	फै	फो	फौ	फं	फः
ब	बा	बि	बी	बु	बू	बे	बै	बो	बौ	बं	बः
ब	बा	बि	बी	बु	बू	बे	बै	बो	बौ	बं	बः
भ	भा	भि	भी	भु	भू	भे	भै	भो	भौ	भं	भः
भ	भा	भि	भी	भु	भू	भे	भै	भो	भौ	भं	भः
म	मा	मि	मी	मु	मू	मे	मै	मो	मौ	मं	मः
म	मा	मि	मी	मु	मू	मे	मै	मो	मौ	मं	मः
य	या	यि	यी	यु	यू	ये	यै	यो	यौ	यं	यः
य	या	यि	यी	यु	यू	ये	यै	यो	यौ	यं	यः
र	रा	रि	री	रु	रू	रे	रै	रो	रौ	रं	रः
र	रा	रि	री	रु	रू	रे	रै	रो	रौ	रं	रः
ल	ला	लि	ली	लु	लू	ले	लै	लो	लौ	लं	लः
ल	ला	लि	ली	लु	लू	ले	लै	लो	लौ	लं	लः
व	वा	वि	वी	वु	वू	वे	वै	वो	वौ	वं	वः
व	वा	वि	वी	वु	वू	वे	वै	वो	वौ	वं	वः
श	शा	शि	शी	शु	शू	शे	शै	शो	शौ	शं	शः
श	शा	शि	शी	शु	शू	शे	शै	शो	शौ	शं	शः
ष	षा	षि	षी	षु	षू	षे	षै	षो	षौ	षं	षः
ष	षा	षि	षी	षु	षू	षे	षै	षो	षौ	षं	षः
स	सा	सि	सी	सु	सू	से	सै	सो	सौ	सं	सः
स	सा	सि	सी	सु	सू	से	सै	सो	सौ	सं	सः
ह	हा	हि	ही	हु	हू	हे	है	हो	हौ	हं	हः
ह	हा	हि	ही	हु	हू	हे	है	हो	हौ	हं	हः
ळ	ळा	ळि	ळी	ळु	ळू	ळे	ळै	ळो	ळौ	ळं	ळः
ळ	ळा	ळि	ळी	ळु	ळू	ळे	ळै	ळो	ळौ	ळं	ळः
क्ष	क्षा	क्षि	क्षी	क्षु	क्षू	क्षे	क्षै	क्षो	क्षौ	क्षं	क्षः
क्ष	क्षा	क्षि	क्षी	क्षु	क्षू	क्षे	क्षै	क्षो	क्षौ	क्षं	क्षः
त्र	त्रा	त्रि	त्री	त्रु	त्रू	त्रे	त्रै	त्रो	त्रौ	त्रं	त्रः
त्र	त्रा	त्रि	त्री	त्रु	त्रू	त्रे	त्रै	त्रो	त्रौ	त्रं	त्रः

3 द्विरुक्त शब्द (Double Letters) द्विरुक्तीपुर्ण शब्द

किसी भी अक्षर के नीचे उसी अक्षर का व्यंजन आने पर वह शब्द द्विरुक्त कहलाता है।

क्क ग्ग च्च ज्ज ट्ट ड्ड त्त न्न प्प ल्ल य्य

उदा : सुब्बय्या	सुब्बाराव	बच्चा	छत्ता	कच्चा	एलय्या	एलप्पा
उल्लू	पुटप्पा	अप्पाराव	छज्जा	विपिन्न	संपन्न	कद्दु

संयुक्ताक्षर (Compound Letters) जोडाक्षरे

किसी भी अक्षर के साथ दुसरे अक्षर का व्यंजन जुड़ गया तो वह शब्द संयुक्ताक्षर कहलाता है।

क्व त्स ण्म प्र न्य क्ल ह्न

द्व न्व म्र त्य श्ट ब्म व्य

उदा: ताम्र	ताम्र	उल्लू	उल्लू
पुत्र	पुत्र	ज्वर	ज्वर
कोणत्या	कोणत्या	मुख्य	मुख्य
व्यापार	व्यापार	विश्वास	विश्वास
प्रसन्न	प्रसन्न	तारुण्य	तारुण्य
हृदय	हृदय	वशिष्ठ	वशिष्ठ
अन्वय	अन्वय	प्रतिष्ठा	प्रतिष्ठा
सत्य	सत्य	प्रतिष्ठा	प्रतिष्ठा
व्यवस्था	न्याय	कर्ण	कर्ण

संयुक्ताक्षर लिखने की रीतः

मराठी वर्ण दो प्रकार के है। पाई वाले (डण्डे वाले) वर्ण और बिना पाई के (बीन डण्डे वाले) वर्ण

1. पाई याने डन्डे वाले वर्ण 2. बेपाई या बिना डन्डे वाले वर्ण.

पाई वाले वर्ण

क ख ग घ च छ ज झ ञ त थ ध न प फ ब भ म य व श ष स

2. बिना पाई वाले वर्ण

ट ठ ड ढ द र ल ळ ह

नोट : पाई वाले व्यंजन के साथ दुसरा व्यंजन आने पर पहेले वर्ण में से पाई निकल कर वह दुसरे वर्ण को जुड़ जाती है।

उदाः	राज्य	प्रतिष्ठा	निष्कासन
	निश्चित	कष्ट	कन्या

नोट : बिना पाई के व्यंजन के साथ दुसरा व्यंजन आने पर पहले व्यंजन के नीचे दुसरा व्यंजन जुड जाता है अथवा आधा वर्ण लिखकर दुसरा वर्ण लिखा जाता है।

उदा.	कट्टी	कट्टी
	चिल्ली पील्ली	छोटे छोटे
	सुट्टी	छुट्टी

मराठी शब्द उच्चारण
(Prounciation of Marathi Words)

मराठी मे 'ळ' वर्ण होता है जो हिन्दी में नहीं होता। जहाँ हिन्दी में 'ल' वर्ण का उपयोग किया जाता है वहाँ कई स्थान पर मराठी में 'ळ ' का उपयोग होता है.

उदा.	निर्मळ	निर्मल	दयाळू
	कमळ	कमल	दयालू
	बाळ	बाल	

इसके अलावा मराठी मे कई शब्दों में 'ळ' वर्ण आता है।

उदाः	कळलं	समझ में आया।
	जवळ	नजदीक

प्रेमळ   प्रेममय
तिरळा   भेंगा
पांगळा   लंगड़ा
हळवा   नरम दिल वाला

इसी प्रकार हिन्दी में जहाँ 'न' वर्ण का उपयोग होता है वहाँ मराठी मे 'ण' वर्ण का उपयोग होता है:

जैसे :   रानी   राणी   पानी   पाणी

हिन्दी में गुजरे हुए और आने वाले कल के लिये 'कल' शब्द का प्रयोग संदर्भ के अनुसार किया जाता है। मगर मराठी में गुजरे हुए कल के लिये 'काल' और आनेवाले कल के लिये 'उद्या' शब्द का प्रयोग किया जाता है।

उदा. मैं वहाँ कल गया था।   मी तिथे काल गेलो होतो.

मैं कल वहाँ जाऊंगा।   मी तिथे उद्या जाईन.

उच्चारणों के अनुसार वर्णों का वर्गीकरण
(Classification of Letters according to the Pronounciation)

उच्चारणों के अनुसार वर्णों का वर्गीकरण मराठी में दो प्रकार से होता है। एक– ह्रस्व दुसरा दीर्घ। नीचे की सूची अनुसार कौन सा वर्ण किस प्रकार से बोला जाता है यह समझ में आयेगा।

वर्ण	कण्ठ	तालू	ओठ	मुर्ध	दान्तों	कण्ठतालू	कण्ठ ओष्ठ
ह्रस्व	अ	इ	उ	ऋ	लु*	ए	ओ
दिर्घ	आ	ई	ऊ	ॠ	लू*	ऐ	औ

* दान्तव्य वर्ण मराठी और हिन्दी में भी उपयोग में नहीं लाये जाते.

व्यंजन उच्चारण सूची

वर्ण	कण्ठ	तालु	मुर्ध	दाँन्तों	ओठ	नासिका
	क ग ख घ	च ज छ झ य व ह	ट ड ठ ढ ण र ष। श	त द थ ध न ल ळ	प ब फ भ म	ड़

4 भाषा भाग (parts of speech) भाषेचे भाग

किसी भी भाषा को समझने के लिये उसका व्याकरण सीखना पड़ता है। मराठी में भाषा के आठ भाग हैं।

हिन्दी		मराठी
1. संज्ञा	(Noun)	संज्ञा / नाम
2. सर्वनाम	(Pronoun)	सर्वनाम
3. विशेषण	(Adjective)	विशेषण
4. क्रिया	(Verb)	क्रियापद
5. क्रिया विशेषण	(Adverb)	क्रिया विशेषण
6. सम्बन्ध सूचक	(Preposition)	शब्दयोगी अव्यय
7. समुच्चय बोधक	(conjunction)	उभयान्वयी अव्या
8. विस्मयादि बोधक	(Interjection)	उद्गारवाचक

संज्ञाः नामः यह व्यक्ति, पहाड़, पेड़ इत्यादि के नाम सुचित करता है।

उदा : आम – आंबा   खेत – शेत   दुनिया – जग
    माता – माता   पिता – पिता   सूरज – सुर्य

नामवाचक तीन प्रकारके है और जातिवाचक दो प्रकार के हैं।

व्यक्तिवाचकः व्यक्ती का नाम सूचित करता है–व्यक्तीचे नाव सुचवते.

उदाः श्याम   राम   राधा   कमला   नयना

जातिवाचकः किसी भी वर्ग या जाति (लिंग) को सूचित करता है।

उदाः लड़का – मुलगा नदी – नदी

भाववाचक : व्यक्ति के भावों को दर्शाता है।

उदाः संतोष–समाधान गुस्सा–राग

जाति वाचक के दो प्रकार –

1. समूहवाचक – समूहवाचक **2. द्रव्य वाचक–द्रव्यवाचक**

समूहवाचक संज्ञा : समूहवाचक नामः

उदा. दल–तुकडी सेना– सेना गुच्छा–गुच्छ

द्रव्य वाचक संज्ञाः द्रव्यवाचक नाम :

उदा. घी तुप दही – दही पानी– पाणी

नीचे दिये गये नाम वाचक शब्दों को ध्यान से पढ़िये।

1.	राजा	नृप
2.	औरत	स्त्री
3.	चौकीदार	पहारेकरी
4.	सेब	सफरचंद
5.	आम	आंबा
6.	गुड़िया	बाहूली
7.	गुलाब	गुलाब
8.	सूरज	सूर्य
9.	गोरैया	साळूंकी
10.	चाकू	सुरी
11.	घोड़ा	घोडा

12.	अंगूठी	अंगठी
13.	अंडा	अंडे
14.	पतंग	पतंग
15	लोटा	तांब्या
16.	आसमान	आभाळ
17.	बैल	बैल
18	नौका, नाव	नौका, नाव
19.	अंगूर	द्राक्षं
20.	नदियाँ	नद्या
21.	सागर	सागर
22.	शिक्षक	शिक्षक
23.	खेत	शेत
24.	जग	जग
25.	माँ	आई

(अ) लिंग (Gender) लिंग

अपने बारे में दुसरी व्यक्ति को समझाने के लिये व्याकरण में लिंग की जानकारी जरुरी होती है। लिंग तीन प्रकार के है:

1. पुल्लिंगः (Masculine Gender)

पुरुष या नर जाति का बोध कराने वाला लिंग पुल्लिंग होता है।

उदाः वैशाख सोमवार पर्वत वटवृक्ष

बैल लड़का

अ या आ से अंत होने वाला शब्द पुल्लिंग होता है।

उदा. बच्चा पोरगा दादा दादा

2.स्त्रीलिंगः(Feminine Gender)

स्त्री अथवा स्त्रीत्व का बोध कराने वाले शब्द स्त्रीलिंग होते हैं।

उदाः नदी भाषा गोदावरी मंजिरा आरती पूजा तमिल

इ या ई से अत होने वाले शब्द स्त्रीलिंग होते हैं।

उदाः लड़की मुलगी पेटी देवी

बच्ची पोरगी पेटी देवी

3. जो शब्द ना पुलिंगी होते है ना स्त्रीलिंग उन्हे **अन्य पुरुष लिंग**, उभय लिंगी या प्रथम पुरुष कहतें है।

हिन्दी की तरह मराठी में भी नपुसंक लिंग नहीं होता। उसे अन्य पुरुष लिंग (उभयलिंगी) कहा जाता है।

उदा : किताब पुस्तक बेंच बेंच

जिस प्रकार हिन्दी में कुछ पुल्लिंग शब्द के अंत में 'हन' आने पर वह स्त्रीलिंग बन जाता है, उसी प्रकार मराठी में पुल्लिंग शब्द के अंत मे इ आने पर वह स्त्रीलिंग बन जाता है।

उदाः	धोबी	धोबिन	धोबी	धोबिण
	दुल्हा	दुल्हन	कोळी	कोळीण
	पड़ोस	पड़ोसन	शेजार	शेजारीण
	लुहार	लुहारिन	लोहार	लोहारीण
	माली	मालन	माळी	माळीण

कुछ पुल्लिंग शब्दों के अंत में णी / नी आने पर वह स्त्रीलिंग शब्द बन जाता है।

सेठ	सेठानी	शेठ	शेठानी
उँट	उँटनी	तरूण	तरूणी
देवर	देवरानी	हरीण	हरिणी

कुछ पुल्लिंग शब्द के अंत में इ लगाने से वह शब्द स्त्री लिंग बन जातें है।

अप्राणि वाचक (Lifeless Articles) निर्जीव वस्तु वाचक

नीचे कुछ पुल्लिंग निर्जीव वस्तु वाचक शब्द दिये गये है।

हिन्दी	मराठी
ग्रंथ	ग्रंथ
शहर	शहर
केला	केळं
फूल	फुल
घर	घर
कपड़ा	कपड़ा
आम	आंबा
फल	फळ
हाथ	हात
पहाड़	पहाड़ / डोंगर

नीचे कुछ अवस्तु वाचक स्त्रीलिंग शब्द दिये गये हैं।

लता	लता
किताब / पुस्तक	पुस्तक
गाड़ी	गाडी

रोटी	पोळी
बेकरी	बेकरी
घड़ी	घड्याळ
कुर्सी	खुर्ची
कलम	लेखणी
चीज	वस्तु

अब हम कुछ पुल्लिंग शब्द और उनके विरुद्ध स्त्रीलिंग शब्द देखेंगें।

पुल्लिंग		स्त्रीलिंग	पुल्लिंग		स्त्रीलिंग
छात्र	–	छात्रा	विद्यार्थी	–	विद्यार्थीनी
सेठ	–	सेठानी	शेठ	–	शेठाणी
नायक	–	नायिका	नायक	–	नायिका
मित्र	–	सहेली	मित्र	–	मैत्रिण
प्रेमी	–	प्रेमिका	प्रियकर	–	प्रेयसी
युवक	–	युवती	युवक–युवती	–	तरुण–तरुणी
बादशाह	–	बेगम	बादशाह / राजा	–	बेगम / राणी
कौआ	–	मादा कौआ	कावळा	–	कावळी
हिरन	–	हिरनी	हरीण	–	हरीणी
ठाकूर	–	ठकुराईन	सावकार	–	सावकारीण
लेखक	–	लेखिका	लेखक	–	लेखिका
साहब	–	साहिबा	साहेब	–	साहेबीण
दुल्हा	–	दुल्हन	नवरा	–	नवरी
मोर	–	मोरनी	मोर	–	लांडोर
दादा	–	दादी	आजोबा	–	आज्जी
घोड़ा	–	घोड़ी	घोडा	–	घोडी
मियाँ	–	बीवी	नवरा	–	बायको
सर्प	–	सर्पिणी	नाग	–	नागिण
पंडित	–	पंडिताईन	विद्वान	–	विदुषी
चौधरी	–	चौधराईन	पाटील	–	पाटलिण
नौकर	–	नौकरानी	दास	–	दासी
मुर्गा	–	मुर्गी	कोंबडा	–	कोंबडी
अधिकार	–	अधिकारीणी	अधिकारी	–	अधिकारीण
शिष्य	–	शिष्या	शिष्य	–	शिष्या

श्रीमान	—	श्रीमती		श्रीमान	—	श्रीमती
बच्चा	—	बच्ची		पोरगा	—	पोरगी
सखा	—	सखी		सखा	—	सखी
राजपूत	—	राजपूतानी		राजपूत	—	राजपूताणी
माता	—	पिता		माता	—	पिता
भील	—	भीलनी		भिल्ल	—	भिल्लीण
सिंह	—	सिंहनी		सिंह	—	सिंहीण
तोता	—	मैना		राघु	—	मैना
मामा	—	मामी		मामा	—	मामी
लड़का	—	लड़की		मुलगा	—	मुलगी
भैंसा	—	भैंस		रेडा	—	म्हैस
अध्यापक	—	अद्यापिका		अध्यापक	—	अध्यापिका
पड़ोसी	—	पड़ोसन		शेजारी	—	शेजारीण
देवर	—	देवरानी		दिर	—	जाऊ
ब्राह्मण	—	ब्राह्मणी		ब्रम्हा	—	ब्रम्हाणी
लुहार	—	लुहारीन		लोहार	—	लोहारीण
हाथी	—	हथिनी		हत्ती	—	हत्तीण
बालक	—	बालिका		बालक	—	बालिका
सम्राट	—	सम्राज्ञी		सम्राट	—	साम्राज्ञी
माली	—	मालन		माळी	—	माळिण
वर	—	वधू		वर	—	वधू
प्रियतम	—	प्रिया		प्रियकर	—	प्रिया
युवराज	—	युवरानी		युवराज	—	युवराज्ञी
राजा	—	रानी		राजा	—	राणी
बाप	—	माँ		बाप	—	आई
भाई	—	बहन		भाऊ	—	बहिण
युवक	—	युवती		युवक	—	युवती
शेर	—	शेरनी		सिंह	—	सिंहिण
इन्द्र	—	इन्द्रणी		इंद्र	—	इंद्राणी
कबूतर	—	कबूतरी		कबुतर	—	कबुतरी
नाना	—	नानी		अजोबा	—	आजी
पुत्र	—	पुत्री		पुत्र	—	पुत्री
तेली	—	तेलीण		तेली	—	तेलीण
ससुर	—	सास		सासरा	—	सासू
कवि	—	कवयित्री		कवी	—	कवयित्री
सेवक	—	सेविका		सेवक	—	सेवीका
बैल	—	गाय		बैल	—	गाय

वचन (Number) वचन

संज्ञा वाचक अथवा सर्वनाम की सहायता से वस्तु या व्यक्तियों की संख्या दर्शाने वाले शब्द को वचन कहते हैं। एक वस्तु या व्यक्ति को सूचित करने वाले वचन को एकवचन और अनेक वस्तु या व्यक्ति सूचित करने वाले शब्द को बहु वचन कहा जाता है। इस के संदर्भ में कुछ नियम समझ लेंगे।

1 **व्यंजन** स्वर से अंत होने वाला पुल्लिंग शब्द बदलता नहीं है।

उदा. पाठक   घर–घर   पेड़–पेड़ (झाड़–झाड़)

2. आ से अंत होने वाला पुल्लिंगी शब्द बहुवचन में बदलते ही ए हो जाता है।

उदा. "घोड़ा" एकवचन पुल्लिंग शब्द बहुवचन होते समय "घोड़े " हो   जाता है।

3. अंत में इ वर्ण आनेवाला स्त्रीलिंग शब्द बहूवचन होते समय इ ही रहता है।

उदा.   लड़की   – लड़कियाँ   मुलगी   –मुली

4. इ से अंत होने वाला स्त्रीलिंग शब्द बहुवचन होते समय आ में बदल जाता है।

उदा.   चिड़िया   – चिड़ियाँ   चिमणी –चिमण्या

5. अंत में व्यंजन स्वर आने वाले शब्द बहुवचन में ए में बदलते हैं।

उदा.   किताब –किताबें   पुस्तक   –   पुस्तके

6. इ ई के अलावा किसी भी स्वर से अंत होने वाले शब्द बहुवचन में ए और या बन जाते हैं।

उदा.   मेज – मेजें   टेबल   –   टेबल

          लता – लताऐं   लता   –   लता

          कली – कलियाँ   कळी   –   कळ्या

29

एक वचन		बहुवचन	
हिन्दी	मराठी	हिन्दी	मराठी
धारा – धारायें	धारा – धारा	छात्रा – छात्रायें	विद्यार्थीनी–विद्यार्थीनी
सरिता – सरितायें	सरिता – सरिता	नदी – नदियाँ	नदी – नद्या
घोड़ा – घोड़े	घोड़ा – घोड़े	कुर्सी – कुर्सीयाँ	खुर्ची – खर्च्या
घड़ि – घड़ियाँ	घड्याळ – घड्याळं	आँख – आँखें	डोळा – डोळे
देवी – देवियाँ	देवी – देव्या	युवराणी – युवराणियाँ	युवराज्ञी – युवराज्ञ्या
स्त्री – स्त्रियाँ	स्त्री – स्त्रीया	खिलौना – खिलौनें	खेळणे – खेळणी
अलमारी – अलमारियाँ	कपाट – कपाटे	घंटा – घंटे	तास – तास
दरवाजा – दरवाजे	दरवाजा – दरवाजे	औरत – औरतें	बाई – बायका
बच्चा – बच्चे	पोरगा – पोरं	माता – मातायें	आई – आया
मेज – मेजे	टेबल – टेबलं	पहाड़ी – पहाड़ियाँ	टेकडी – टेकड्या
लता – लतायें	वेल – वेली	तारिका – तारीकायें	चांदणी – चांदण्या
सफलता – सफतायें	यश – यश	बुढ़िया – बुढ़ियाँ	म्हातारी – म्हाताऱ्या
नौका – नौकायें	नौका – नौकां	उंगली – उंगलियाँ	बोट – बोटं
केला – केले	केळ – केळी	आइना – आइने	आरसा – आरसे
पोती – पोतीयाँ	नात – नातीं	धंधा – धंधे	धंदा – धंदे
शताब्दी – शताब्दियाँ	शताब्दी – शताब्द्या	किरण – किरणें	किरण – किरणं
तरंग – तरंगें	लहर – लहरी	युक्ति – युक्तियाँ	युक्ती – युक्त्या
कुमारि – कुमारीयाँ	कुमारि – कुमाऱ्या	बहू – बहुयें	सून – सूना
दवा – दवायें	औषध – औषधं	मुहर – मुहरे	मोहोर – मोहरा
आशा – आशायें	आशा – आशा	चीज – चीजें	वस्तु – वस्तु
कलम – कलमें	लेखणी – लेखण्या	वनिता – वनितायें	वनिता – वनिता
कविता – कवितायें	कविता – कविता	बेटा – बेटे	मुलगा – मुलगे
चिड़िया – चिड़ियाँ	चिमणी – चिमण्या	लड़का – लड़के	पोरगा – पोरं
कली – कलियाँ	कळी – कळ्या	तोता – तोते	पोपट – पोपट
कपड़ा – कपड़े	कपडा – कपडे	संस्था – संस्थायें	संस्था – संस्था

तारा	– तारें	तारा	– तारे	वस्तु	– वस्तुयें	वस्तु	– वस्तु
नाक	– नाकों	नाक	– नाकं	लहर	– लहरें	लाट	– लाटा
सास	– सासें	सासू	– सास्वा	राजा	– राजाओं	राजा	– राजे
पत्नि	– पत्नियाँ	पत्नि	– पत्न्या	गाड़ी	– गाड़ियाँ	गाडी	– गाड्या
बात	– बातें	गोष्ट	– गोष्टी	रात	– रातें	रात्र	– रात्री
पुस्तक	– पुस्तकें	पुस्तक	– पुस्तकं	नाव	– नावे	नाव	– नावा
पत्ता	– पत्ते	पान	– पानं	घटा	– घटायें	ढग	– ढग
पंड़ित	– पंड़ित	पंडित	– पंडित	जबान	– जबानें	जीभ	– जीभा
पाठशाला	– पाठशालायें	शाळा	– शाळा	ऋतु	– ऋतुयें	ऋतु	– ऋतु
अंगुठी	– अंगुठियाँ	अंगठी	– अंगठ्या	नोकरानी	– नौकरानियाँ	मोलकरीण	–मोलकरणी
नेता	– नेते	नेता	– नेते	दीवार	– दिवारें	भींत	– भींती
कवयित्री	– कवयत्रियाँ	कवियत्रि	– कवियत्र्या	उपाधी	– उपाधियाँ	पदवी	– पदव्या
संपत्ति	– संपत्तियाँ	संपत्ति	– संपत्ति	सांस	– सांसें	श्वास	– श्वास
लडकी	– लडकियाँ	मुलगी	– मुली	नारी	– नारियाँ	नारी	– नारी
बेटीं	– बेटीयाँ	लेक	– लेकी	सुंदरी	– सुंदरियाँ	सुंदरी	– सुंदऱ्या

बहुवचन में भी नहीं न बदलनें वाले शब्द

हिन्दी	मराठी	हिन्दी	मराठी	हिन्दी	मराठी
नारियल	नारळ	विद्वान	विद्वान	पिता	पिता
दिन	दिवस	चोर	चोर	पेड़	वृक्ष
काका	काका	मोती	मोती	रेडिओ	रेडिओ
नर	नर	कवी	कवी	महात्मा	महात्मा
सैनिक	सैनिक	नंदन	नंदन	सम्राट	सम्राट
समुद्र	समुद्र	पक्षी	पक्षी	पहाड़	डोंगर
दाँत	दात	बाल	केस	पर्वत	पर्वत
धोबी	धोबी	धन	धन	मनुष्य	मनुष्य
हेतू	हेतू	साधू	साधू	दादा	दादा
शत्रू	शत्रू	व्यापारी	व्यापारी	मामा	मामा
पंड़ित	पंडित	सौंफ	बडिशोप	पैर	पाय
नेत्र	नेत्र	देव	देव	घी	तुप
मार्ग	मार्ग	भाई	भाऊ	ऋषी	ऋषी
सोनार	सोनार	हाथ	हात	दही	दही
राक्षस	राक्षस	दान	दान	पानी	पाणी

कारक (Case Endings) कारकें

किसी भी भाषा को समझने के लिये कारकों को ठीक से समझ लेना चाहिये। उनका प्रयोग कब कैसे करना है यह समझ लेना चाहिये। कारक के प्रकार:

1. **कर्ताकारक**	**(Nominative Case)**	**कर्ता से संबंधित प्रथम प्रत्यय**
2. **कर्मकारक**	**(Objective Case)**	**कर्म से संबंधित द्वितीय प्रत्यय**
3. **कारणकारक**	**(Instrumental Case)**	**कारण के साथ तृतीय प्रत्यय**
4. **संप्रदानकारक**	**(Dative Case)**	**प्रयोजन से संबंधीत**
5. **अपादानकारक**	**(Ablative Case)**	**वस्तु से संबंधीत**
6. **संम्बधकारक**	**(Possesive Case)**	**संबंध सुचीत प्रत्यय**
7. **अधिकरणकारक**	**(Locative Case)**	**स्थान सुचीत करने वाला प्रत्यय अंदर, उपर**
8. **संबोधनकारक**	**(Vocative Case)**	**संवोधन सुचीत प्रत्यय ए, अरे**

1. कर्ताकारक (Nominative Case)

कर्ता से संम्बधित वाक्य में कर्ता सुचित होता है और कर्ता को कोई प्रत्यय नहीं लगता।
उदा. पंछी चहचहाते हैं। पक्षी किलबिल करतात.

2. कर्मकारक (Objective Case)

कर्ता कर्म के बारे में किये गये कार्य को सुचित करता है.
उदा. सेठ**ने** नौकर को बुलाया। मालका**ने** नोकराला बोलावले.

3. कारण कारक (Instrumental Case)
जिस साधन से क्रिया की गई उसे सुचित करता है।
उदा. राम ने रावण को **बाण से** मारा। रामाने रावणाला **बाणाने** मारले.

4. सम्प्रदान कारक (Dative Case)
जिन शब्दों को विभक्ती प्रत्यय लगता है।

उदा. मैं उनसे मिलने जा रहा हूं। मी **त्यांना** भेटायला जाणार आहे.

5. अपादानकारक (Ablative Case)
एक चीज दुसरी चीज से अलग होने की क्रिया को बताने वाला, भिन्नता दिखानेवाला शब्द।
उदा. वह हमसे अमिर हैं। तो **आमच्याहून** श्रीमंत आहे.

6. संबधकारक (Possesive Case)
संबंध दर्शाने वाले शब्द को संबंध कारक कहते हैं।
उदा. सोने के भाव बढ़ गये हैं। सोन्याचे भाव वाढले आहेत.

7. अधिकरणकारक (Locative Case)
जिस रुप में क्रिया का आधार या समय समझ में आता है, कहां अर्थात स्थान समझ में आता है उसे अधिकरण कारक कहतें है।
उदा. घर में आप कहाँ थे। घरात तुम्ही कोठे होता?

8. सम्बोधनकारक (Vocative Case)
अपने मन के भाव व्यक्त करनें के लिये अथवा किसी को बुलाने के लिये, पुकारने के लिये अर्थात संबाकधन प्रयोग किये गये शब्द।

उदा. हे भगवान ! कृपा करो। हे देवा! कृपा कर.
को, का यह शब्द सजीवों के लिये उपयोग में लाये जाते है। अगर कर्ता एकवचन मे है तो **अ** कारक **ए** मे बदल जाता है।

उदा. माताजी की किताब में आईंच्या पुस्तकात

इस वाक्य में नाम वाचक के बाद 'में' कारक आने पर कोई बदल नही होगा।
कला शाला के विद्यार्थीयों से कलाशाळेच्या विद्यार्थ्यांकडून

इस वाक्य में के कारक चिन्ह आया है। लेकिन विद्यार्थी नाम वाचक के बाद 'से' कारक चिन्ह आता है इसलिये के, का कारक में बदल होगा।

विषेश टीप :	पुलिंग एकवचन	का	चा
	पुलिंग बहूवचन	के	ची
	स्त्री लिंग एकवचन	की	चे
	स्त्री लिंग बहूवचन	की	च्या

स्त्री लिंग में बदलाव नहीं होता लेकिन एक वचन पुलिंग में बाद में आने वाले कारक चिन्ह में बदलाव होता हैं।

2. सर्वनामः (Pronoun)

नाम/संज्ञा वाचक के बदले प्रयोग किया गया शब्द.

उदा. हम आम्ही तुम तू वह ती/तो

मैं मी आप आपण

नोटः '' मैं ''से शुरु होने वाले वाक्य के अंत मे 'है' आना चाहिये। और आप, वह यह से शुरु होने वाले वाक्य में ''है'' आता है । तुम से शुरु होने वाले वाक्य के अंत में 'हो' आता है।

उदा : मैं खाना खा रहा हूँ।	मी जेवण करीत आहे.
तुम कहाँ हो?	तू कोठे आहेस?
आप कब आते हैं?	तुम्ही केव्हा येता?

सर्वनाम के प्रकार Division of Pronoun

1. पुरुषवाचक सर्वनाम (Personal Pronoun)

यह सर्वनाम बोलने वाले, सुनने वाले या उस के बारे में बताने कें लिये उपयोग में लाते हैं।
इसे पुरुष वाचक सर्वनाम भी कहतें हैं।

उदा. मैं	मी
हम	आम्ही
तुम	तुम्ही
तू	तू
आप	आपण
यह	हा/ही/हे

वह	तो / ती / ते
ये	हे
वे	ते

2 द्वितिय पुरुषवाचक– निजवाचक सर्वनाम (Re-flexive Pronoun)

यह वाचक कर्ता पर जोर देता है। कर्ता के साथ 'ही' लगाते हैं, जिसके बारे में बात करनी हैं वो सुचित करते हैं।

उदा.	आप ही	आपणच
	हम ही	आम्हीच
	तुम ही	तुम्हीच
	यह ही	हेच

3 दर्शक/ निश्चय वाचक सर्वनामः (Demonstrative Pronoun)

यह व्यक्ति अथवा वस्तु के बारे में निश्चित स्वरुप सूचित करता है।

उदाः	यह	हा / हे
	वह	तो / ते
	ये	हे
	वे	ते

4. अनिश्चित सर्वनाम (Indefinite Pronoun)

यह व्यक्ती या वस्तु के बारे मे निश्चित स्वरुप सूचित नहीं करता।

उदा.	कोई	एखादा
	कुछ	काही
	सब	सर्व

5. संबंध वाचक सर्वनाम : (Relative Pronoun)

यह दो बातों के बीच संबंध बताता है।

उदा. जो – सो जो – तो

जिस– उस ज्याने–त्याने

जो काम करेगा उसे फल मिलेगा। दो काम करील त्याला फळ मिळेल.
'जो' एक संबंध वाचक सर्वनाम है जिसे 'कौन' के अर्थ के साथ समझ लेते हैं।

1. जिस प्रकार हिन्दी में 'वह' या 'वे' शब्द आता है, उसी प्रकार मराठी मे 'जो' के साथ 'तो' शब्द आता है।

2. सर्वनाम व्यक्ति या वस्तु के बारे में प्रश्न करता है।

3. 'जो' शब्द कभी–कभी वाक्य के आरंभ में 'ज्या' के रुप में आता है।

उदा. जो अच्छी पढाई करेगा वह पास होगा। जो चांगला अभ्यास करील तो पास होईल.

वे महापुरुष होतें है, जो देश के लिये कष्ट सहन करतें है।
ते महापुरुष असतात जे देशासाठी कष्ट सहन करतात.

जिसने मेहनत की उसे फल मिला। ज्याने मेहनत केली त्याला फळ मिळाले.

4. विभक्ति कारकः मराठी में ;ने' 'ला' या 'वर' शब्द आने पर 'जे' का रुप बदल जाता है।

जो + ने/नी	=	ज्याने, ज्यानी	(जिसने) (जिन्होंने)
जो + ला	=	ज्याला, ज्यांना	(जिसको/जिसे) (जिन्होंने)
जो + कडे	=	ज्याच्याकडे, ज्यांच्याकडे, ज्यावर	(जिसके पास, जिनके पास, जिनसे)
जो + वर	=	ज्यावर, ज्यांच्यावर	(जिसपर, जिनपर)

5.विभक्ति प्रत्ययः 'जो' शब्द का प्रयोग विशेषण के रुप में करते हैं। नाम वाचक के बाद संज्ञा वाचक के बाद विभक्ति प्रत्यय आने पर एक वचनी 'ज्याला' यह शब्द बहुवचन मे 'ज्यांना' बन जाता हैं।

उदा. जिस देश में गंगा बहती है, उस देश में हम रहते हैं।
ज्या देशात गंगा वाहते, त्या देशात आपण राहतो.

जिन बच्चों को तुम चाहते हो उन्हे मिलते हो?
ज्या मुलांवर तुम्ही प्रेम करता त्यांना भेटता?

जिस दफ्तर में आप काम करते है वह कहाँ हैं?
ज्या कार्यालयात तुम्ही काम करता ते कोठे आहे?

6. प्रश्न वाचक /प्रश्नार्थक सर्वनाम (Interrogative Pronoun)

यह व्यक्ति या वस्तु के बारे में प्रश्न करता है।

उदा. क्या – काय कौन – कोण किसका – कोणाचा

तुम्हारा नाम क्या है? – तुझे नाव काय आहे?

तुम कौन हो? – तुम्ही कोण आहात?

यह रुमाल किसका है? – हा रुमाल कोणाचा आहे?

कौन सा (which) कोणता

यह शब्द सामान्य लोक व्यवहार में प्रयोग में लाया जाता है।

उदा. वह कौनसा नम्बर है? तो कोणता क्रमांक आहे?
वह कौन सी गाड़ी हैं? ती कोणती गाडी आहे?

इन्हो नें (This Person) यांनी

इस' 'यह' शब्द सर्वनाम है. इस शब्द को दैनंदिन व्यवहार में 'इन्हों ने' (यांनी')कहा जाता है।

उदा. वे यहाँ नहीं थे। – ते तिथे नव्हते।

इन्होंने रोटी खायी। – यांनी पोळी खाल्ली.

वह (That Person) तो

वह, यह (तो, ते) सर्वनाम है यह हम जानतें है। इस शब्द को व्यवहार में 'वे' 'उन्होंने' (ते, त्यांनी) बन जाता है।

उदा. वह यहाँ आयेंगें। — ते इथे येतील.

उन्होंने कहा कि कल वहाँ बड़ा उत्सव था।
त्यांनी / यांनी सांगीतले की काल तिथे मोठा उत्सव होता.

सर्वनाम का रुपांतर   —   सर्वनामाचे रुपांतर

व्यक्ति या वस्तु के बारे में प्रश्न करने का काम सर्वनाम करता है। कारक चिन्हों की वजह से सर्वनाम बदल जाता है।

1.	कौन	+ का	= किसका	कोण	+ चे	= कोणाचा	(whose)
2.	कौन	+ के	= किसके	कोण	+ चे	= कोणाचे	(whose)
3.	कौन	+ ने	= किस ने	कोण	+ ई	= कोणी	(who)
4.	तुम	+ का	= तुम्हारा	तू	+ चा	= तुझा	(your)
5.	मैं	+ का	= मेरा	मी	+ चा	= माझा	(my)
6.	आप	+ का	= आपका	तू / तुम्ही	+ चे	= तुमचे	(yours)
7.	कौन	+ से	= किससे	कोण	+ शी	= कोणाशी	(by whom)
8.	कौन	+ को	= किसको	कोण	+ ला	= कोणाला	(to whom)
9.	मैं	+ से	= मुझसे	मी	+ हून	= माझ्याकडून	(by me)
10.	तुम	+ से	= तुमसे	तू	+ हून	= तुझ्याकडून	(by you)
11.	आप	+ से	= आपसे	तुम्ही	+ हून	= तुमच्याकडून	(by you)
12.	मैं	+ ने	= मैंने	मी	+ इ	= मी	(I)
13.	तुम	+ ने	= तुमने	तू	+ उ	= तू / तुम्ही	(you)
14.	यह	+ ने	= इसने	हा	+ ने	= ह्याने	(he)
15.	हम	+ का	= हमारा	आम्ही	+ चा	= आमचा	(our, ours)

16.	वह	+ ने	= उसने	तो	+ ने	= त्याने	(that)
17.	यह	+ का	= इसका	हा	+ चा	= ह्याचा	(of this)
18.	वे	+ का	= उनको	ते	+ ने	= त्यांना	(of that)
19.	ये	+ ने	= इन्होंने	हे	+ ने	= ह्यांनी	(these)
20.	वह	+ का	= उसका	तो	+ चा	= त्याचा	(of him)
21.	ये	+ का	= इनका	हे	+ चा	= ह्याचा	(of these)
22.	आप	+ ने	= आपने	तुम्ही	+ इ	= तुम्ही	(you)
23.	मैं	+ को	= मुझे	मी	+ ला	= मला	(to me)
24.	तुम	+ को	= तुमको	तू	+ ला	= तूला	(to you)
25.	यह	+ को	= इसको	हा	+ ला	= ह्याला	(to this)
26.	वह	+ को	= उसको	तो	+ ला	= त्याला	(to that)
27.	वे	+ से	= उनसे	तो	+ हून	= त्याच्याकडून	(by them)
28.	वह	+ से	= उससे	ते	+ हून	= त्यांच्याकडून	(by him)
29.	ये	+ से	= इससे	हे	+ हून	= यांच्याकडून	(by them)
30.	तुम	+ से	= तुमसे	तू	+ हून	= तुझ्याकडून	(by you)
31.	हम	+ से	= हमसे	आम्ही	+ हून	= आमच्याकडून	(by us)
32.	आप	+ को	= आपको	तुम्ही	+ ला	= तुम्हाला	(to you)
33.	यह	+ से	= इससे	हा	+ हून	= याच्याकडून	(to this/from this)

पुरुष   (Persons)   पुरुष

हिन्दी व्याकरण की तरह मराठी में भी तीन पुरुष शब्द आते हैं।

1. प्रथम पुरुषः (First Person)

बोलने वाले के बदले मे प्रयोग मे आने वाले सर्वनाम प्रथम पुरुष होते हैं।
उदा.   मैं, हम   मी आम्ही

2. द्वितीय पुरुष (Second Person)

सुनने वाले या सामने वाले पुरुष के लिये प्रयोग में आने वाले शब्द को द्वितीय पुरुष कहते हैं।
उदा.   तू, तुम, आप   तू तुम्ही आपण

3. तृतीय पुरुष (Third Person)

अंग्रेजी की तरह हिन्दी और मराठी में भी तृतीय पुरुष रहता है।
उदा.   वे, ये, यह, वह   ते, हे,

जिस के बारे में बातचीत हो रही हो, उसे अन्य पुरुष कहा जाता है।

3.   विशेषणः (Adjective)

नाम / संज्ञा वाचक या सर्वनामों के गुणों को बताता है।

उदा.   वीरु अच्छा है।   वीरु चांगला आहे.

वह छोटा है।   तो लहान आहे.

यह मीठा है।   हे गोड आहे.

विशेषण (Adjectives)

बुरा	वाईट	ताजा	ताजे / ताजा
अच्छा	चांगला	सड़ा	कुजलेले
बड़ा	मोठा	पापी	पापी

40

छोटा	छोटा/लहान	पवित्र	पवित्र
गोल	गोल	पतला	पातळ/बारिक
लम्बा	उंच	मोटा	जाड
नाटा	ठेंगणा	पांढरा	सफेद
चौड़ा	रुंद	काला	काळा
समतल	सपाट	भूरा	करडा
पका	पिकलेला	पीला	पिवळा
मीठा	गोड	लाल	लाल
साफ	स्वच्छ	कडूआँ	कडू
गंदा	घाणेरडा	उंचा	उंच
वीर	वीर	नीचा	बुटका
भीर	डरपोक	अकलमंद	हुशार
सुन्दर	सुंदर	मूर्ख	मुर्ख
भद्दा	बेढब	ठंडा	थंड
गरम	गरम	भीगा	भिजलेला

4. क्रिया (Verb) क्रियापद

उदा.	कुत्ता भौंकता हैं।	कुत्रा भुंकतो.
	पंछी उड़ते हैं।	पक्षी उडतात.
	घोड़ा दौड़ता है।	घोडा पळतो.
	हम देखते हैं।	आम्ही पाहतो.

किसी भी भाषा को बोलने के लिये क्रिया का पता होना जरुरी है। उस के बारे में जानकर हम उस भाषा को समझ सकते हैं। सामने वाले से अच्छी तरह बात कर सकते हैं। समझ सकते हैं और बातचीत कर सकते हैं। कार्य को बताने वाले शब्द को क्रिया कहते हैं। क्रिया के दो प्रकारः

1. सकर्मक क्रिया (Transitive Verb)

वाक्य में कर्ता, कर्म और क्रिया यह तीन होते हैं। कर्म की मदद से क्रिया सुचित करने वाले शब्द को सकर्मक क्रिया कहते हैं।

उदा. कृष्ण पाठ पढ़ रहा है। कृष्ण धडा वाचत आहे.

इस वाक्य में कृष्ण कर्ता, कर्म पाठ (धडा) और क्रिया पढना (वाचणे) है।

2. अकर्मक क्रिया (Intransitive Verb)

कर्ता की मदद लिये बिना बोले जाने वाले शब्द अकर्मक क्रिया होते है।

उदा. किसको	कोणाला	किसने	कोणी
हम बैठे।	आम्ही बसलो.	कर्ता–हम (आम्ही)	क्रिया बैठें (बसलो)
राजु सोया	राजु झोपला.	कर्ता –राजु	क्रिया –सोया (झोपला)

नोटः किसने किसे, किसके ऐसे शब्द आने पर उसे सकर्मक क्रिया कहते हैं। ऐसा न रहने पर उसे अकर्मक क्रिया कहते हैं।

1. लिखना	लिहीणे	14. सीखना	शिकणे
2. खोलना	उघडणे	15. चढ़ना	चढणे
3. पढ़ना	वाचणे	16. पीना	पीणे
4. खाना	खाणे	17. आना	येणे
5. जाना	जाणे	18. सुनना	ऐकणे
6. देखना	पाहणे	19. कतरना	कुरतडणे
7. काटना	कापणे	20. चलना	चालणे
8. डरना	घाबरणे	21. दौड़ना	धावणे/पळणे

9. करना	करणे	22. खेलना	खेळणे
10. रोना	रडणे	23. हँसना	हसणे
11. बैठना	बसणे	24. उठना	उठणे
12. कूदना	उड्या मारणे	25. उछलना	उसळणे
13. तैरना	पोहणे	26. डूबना	बुडणे
27. लेना	घेणे	28. चलाना	चालवणे
29. देना	देणे	30. बन्द करना	बंद करणे
31. उड़ना	उड़णे	32. घुमाना	फिरवणे
33. डालना	घालणे	34. निकालना	काढणे
35. चिल्लाना	किंचाळणे	36. जीतना	जिंकणे
37. पहनना	घालणे	38. उतरना	उतरणे
39. बहना	वाहणे	40. सोना	झोपणे
41. जागना	जागणे	42. बोलना	बोलणे
43. मारना	मारणे	44. झगड़ना	भांडणे
45. ओढ़ना	पांघरणे	46. मरना	मरणे
47 उगलना	ओकणे	48. छूना	स्पर्शणे
49. रोकना	थांबवणे	50. पाना	मिळवणे
51. रचना	रचणे	52. फिसलना	घसरणे
53. निगलना	गिळणे	54. सुंघना	वास घेणे
55. चराना	चरविणे	56. चरना	चरणे

क्रियार्थक संज्ञा (Gerund) धातुसाधित नाम

संज्ञावाचक के बदले काम आने वाले शब्दों को क्रियार्थक संज्ञा कहते हैं। क्रिया के अंत में आने वाले शब्द को क्रियार्थक संज्ञा वाचक कहते हैं। उसके बाद संख्या आती है तो शब्द का अंत 'ना' से होता है। मराठी में वह अंत मे 'णे' बन जाता है।

उदा:	क्रिया मूल शब्द		क्रियावाचक नाम	
	धातु	संज्ञा	क्रिया मूल	क्रियार्थक
	पढ़	पढ़ना	वाच	वाचणे
	लिख	लिखना	लिही	लिहीणे
	सीख	सीखना	शिक	शिकणे
	खेल	खेलना	खेळ	खेळणे
	चढ़	चढना	चढ़	चढणे
	खा	खाना	खा	खाणे
	पी	पीना	पी	पीणे
	आ	आना	ये	येणे
	जा	जाना	जा	जाणे
	देख	देखना	बघ	बघणे
	सुन	सुनना	ऐक	ऐकणे
	काट	काटना	काप	कापणे
	कतर	कतरना	कातर	कातरणे
	कर	करना	कर	करणे
	हँस	हँसना	हस	हसणे

दौड़	दौड़ना	धाव	धावणे
खेल	खेलना	खेळ	खेळणे
सो	सोना	झोप	झोपणे
डर	डरना	घाबर	घाबरणे
चल	चलना	चाल	चालणे
बैठ	बैठना	बस	बसणे
उठ	उठना	उठ	उठणे
कूद	कूदना	उडी मार	उडी मारणे
उछल	उछलना	उसळ	उसळणे
तैर	तैरना	पोह	पोणे
डूब	डूबना	बूड	बूडणे
ले	लेना	घे	घेणे
दे	देना	दे	देणे
उड़	उड़ना	उड	उडणे
घुम	घुमना	फिर	फिरणे
घुमा	घुमाना	फिरव	फिरवणे
डाल	डालना	घाल	घालणे
निकाल	निकालना	काढ	काढणे
चिल्ला	चिल्लाना	किंचाळ	किंचाळणे
जी	जीना	जग	जगणे

पहन	पहनना	घाल	घालणे
उतर	उतरना	उतर	उतरणे
बह	बहना	वहा	वाहणे
जाग	जागना	जाग	जागणे
बोल	बोलना	बोल	बोलणे
मार	मारना	मार	मारणे
झगड़ा	झगड़ना	भांडण	भांडणे
ओढ़	ओढ़ना	पांघर	पांघरणे
मर	मरना	मर	मरणे
उगल	उगलना	ओक	ओकणे
छू	छूना	शिव	शिवणे
रोक	रोकना	रोख	रोखणे
पा	पाना	मिळव	मिळवणे
रच	रचना	रच	रचणे
फिसल	फिसलना	घसर	घसरणे
निगल	निगलना	गिळ	गिळणे
सुंघ	सुंघना	हूंग	हूंगने
चरा	चराना	चार	चारणे
चर	चरना	चर	चरणे

काल (Tenses) काळ

किसी भी भाषा को सीखने के लिये, किसी से बात करने या उसकी बात समझने के लिये काल का वर्गीकरण समझना जरुरी होता है। उस से हमारा भाषा ज्ञान बढ़ता है। क्रिया किस समय में हुई है या हो रही है या होने वाली है इस आधार पर काल के तीन प्रकार होते हैं।

1.वर्तमान काल (Present tense) वर्तमान काळ

2.भूतकाल (Past tense) भूतकाळ

3.भविष्य काल (Future tense) भविष्य काळ

1. वर्तमान काल : यह काल इस समय हो रही क्रिया के बारे मे बताता है।

उदा. किसान बैलगाड़ी चला रहा है। शेतकरी बैलगाडी हाकत आहे.

पिताजी कपड़े सिलाई कर रहे हैं। बाबा कपडे शियत आहेत.

वर्तमान काल के तीन प्रकार

1. सामान्य वर्तमान काल (Simple Present Tense) सामान्य वर्तमान काळ

यह सामान्यतः हमेशा होने वाली क्रिया के बारे में या हमारी आदतों के बारे में बताता है।

उदा. वह अंग्रेजी में बात करता है। तो इंग्रजीत बोलतो.

सीता कपड़े धोती है। सीता कपडे धुते.

सूरज पूरब से निकलता है। सुर्य पूर्वेला उगवतो.

2. तत्कालिक वर्तमान काल (Present Continuous Tense) : चालू वर्तमान काळः

इस समय होने वाली घटना के बारे मे यह काल सुचित करता है।

उदा. घोड़े दौड़ रहे हैं। घोडे धावत आहेत.

वह किताब पढ़ रहा है। तो पुस्तक वाचत आहे.

नोटः इस मे क्रिया के साथ 'ह' का रुप आता है।

हुए (While) वेळी

किसी भी विषय के बारे में दुसरों को कहते हूए या एक घटना के साथ दुसरी घटना समझाने के लिये इसका प्रयोग होता है।

उदा. उसने स्कुल जाते हुए मुझसे बात की। — त्याने शाळेत जातांना मला सांगितले.

बच्चे ने रोते–रोते खाना खाया। — मुलाने रडत रडत जेवण केले.

3. संदिग्ध वर्तमान काल (Doubtful Present Tense) संदिग्ध वर्तमान काळ

यह संदिग्ध स्थिति में होने वाली क्रिया बताता हैं।

उदा. मैं खाता रहूँगा। — मी खात असेन.

तुम पढ़ते रहोंगे। — तू वाचत असशील.

इसमे क्रिया के साथ होगा, होगे ऐसे शब्दों का प्रयोग होता है।

2. भूतकाल (Past Tense) भूतकाळ

यह गुजरे समय के बारे में बताता है।

उदा. मैंने लिखा । — मी लिहीले.

तुमने गाया। — तू गायलास.

भूतकाल के छः प्रकार–

1. सामान्य भूतकाल	**(Simple Past Tense)**	**सामान्य भूतकाळ**
2. आसन्न भूतकाल	**(Present Perfect Tense)**	**पूर्ण वर्तमान काळ**
3. पूर्ण भूतकाल	**(Past Perfect Tense)**	**पूर्ण भूतकाळ**
4. अपूर्ण भूतकाल	**(Imperfect Past Tense)**	**अपूर्ण भूतकाळ**
5. संदिग्ध भूतकाल	**(Doubtful Past Tense)**	**संदिग्ध भूतकाळ**
6. हेतु मद्‌भूतकाल	**(Conditional Past Tense)**	**पसिस्थिती सूचक भूतकाळ**

1. सामान्य भूतकाल **सामान्य भूतकाळ**

यह उन सामान्य घटनांओं के बारे में बताता है, जो हो चूकी हैं।

उदा. माताजी आयी हैं। आई आली होती.
वह गया। तो गेला.

2. आसन्न भूतकाळ **रिती भूतकाळ**

क्रियापद के काल को और उसके रुप तथा रिती को भी ये सूचित करता है।

उदा. रामकृष्ण किताब पढता था। रामकृष्ण पुस्तक वाचत असे.

3. पूर्ण भूतकाल **पूर्ण भूतकाळ**

यह बहूत पहेले हो चूकी घटना के बारे में बताता है।

उदा. भगत सिंह ने देश के लिये प्राण अर्पण किये।
भगत सिंह ने देशासाठी प्राण अर्पण केले.

4. अपूर्ण भूतकाल **अपूर्ण भूतकाळ**

पिछले समय में जो घटनाऐं घट रही थी उनके बारे में बताता है।

उदा. गौरी रोटी खाती थी। गौरी पोळी खात होती.
श्याम आता था। श्याम येत होता.
मैं सड़क पर जा रहा था। मी रस्त्यावरुन जात होतो.

5. उददेश भूतकाल **उददेश भूतकाळ**

पिछले समय में किये गये कार्य की अनिश्चित परिस्थिति के बारे में बताता है।

उदा. मणिभूषण आया होगा। मणिभूषण आला असेल.
रवि खेलनेवाला था। रवि खेळणार होता.

6. हेतू हेतू मद्‌भूत काल **परिस्थिती सुचक भूतकाळ**

पिछले समय में होने वाला कार्य किसी वजह से हो नहीं पाया यह दर्शाता है।

उदा. सुरेश खूब पढ़ा होता तो जरुर पास होता।
सुरेशने खूप अभ्यास केला असता तर तो नक्किच पास झाला असता.

माणिक ने दवाई खाई होती तो वह स्वस्थ हुआ होता।
माणिकने औषध घेतले असते तर तो बरा झाला असता.

आपको उसी समय पुछना चाहिये था।
तुम्ही त्याच वेळी विवारायला हवे होते.

आपको तभी आना चाहिये था।
तुम्ही तेव्हाच यायला हवे होते.

नोटः प्रत्येक व्यक्ति की बातचीत में यह सामान्य रुप से दिखाई देता है, इसमे क्रिया के साथ 'ना' आता है– **करना, आना, पुछना।**

था was होता

अंग्रेजी में 'इस' का भूतकाल '**was** होता है, हिन्दी में 'है' का भूतकाल 'थे' या 'था' होता है, मराठी में 'आहे' का भूतकाल कर्ता के अनुसार 'होता, होती, होते' होता है।

उदा.	आप कहाँ थे?	तुम्ही कोठे होता?
	लक्ष्मी काम कर रही थी।	लक्ष्मी काम करीत होती।

क्रिया के साथ थे, था, जोड़ने से उस कार्य की आदत को बताता हैं। मराठी में इस हेतु से 'चो,ची,चे' जोड़ा जाता है.

उदा.	मैं पान खाता था।	मी पान खायचो.
	आप देर से आते थे।	तुम्ही उशीराने यायचे
	कमल काम करती थी।	कमल काम करायची.

नोटः किसी भी विषय के बारे 'अगर यह नही होता तो वह भी नहीं होता' यह इस प्रकार बताया जाता है।

उदा. अगर महात्मा गांधी जीवित होते तो ऐसा नहीं होता था।
जर महात्मा गांधी जीवंत असते तर असे झाले नसते

नोटः किसी काम को भूतकाल समय में करना जरुरी था लेकिन वह नहीं हो पाया यह भाव कुछ इस प्रकार दर्शाए जाते हैं।

उदा.	तुम ने वहाँ देखना चाहिये था।	तुम्ही तिकडे बघायला हवे होते.
	मुझे यह काम उसी समय करना था।	मला हे काम तेव्हाच करायला हवे होते.

किसी भी वाक्य के अंत मे' 'ता, ती, ते' आता है तो वह भूतकाल समझना चाहिये।

भविष्य काल (Future Tense) भविष्य काळ

आने वाले समय जो होने जा रहा है, उसे यह काल बताता है। इसके प्रकार–

1. सामान्य भविष्य काल (Simple Future Tense) सामान्य भविष्य काळ

2. सम्भाव्य भविष्य काल (Future Indefinite Tense) संभाव्य भविष्य काळ

1, सामान्य भविष्य काल सामान्य भविष्य काळ

आने वाले समय में होने वाले कार्य के बारे में बताता है।

उदा.	रमेश किताब लायेगा	रमेश पुस्तक आणेल.
	शरद कल से हिन्दी सिखेगा।	शरद उद्यापासून हिंदी शिकेल.

2. सम्भाव्य भविष्य काल संभाव्य भविष्य काळ

आने वाले समय मे जो कार्य होने की सन्भावना है वह सुचित की जाती है।

अगर शीला खुब पढ़ेगी तो वह पास होगी.
जर शीलाने खूप अभ्यास केला तर ती पास होईल.
अगर कोटेश्वर राव पूजा करवाते हैं तो अच्छा होगा।
जर कोटेश्वररावांनी पूजा करवून घेतली तर चांगले होईल.

नोट: अगर कर्ता 'मैं' है तो क्रिया का रुप बदल जाता है।

कर	मैं करुँगा	मी करीन
जा	मैं जाऊँगा	मी जाईन
ले/घे	मैं लूँगा/गी	मी घेईन.
पी	मैं पिऊँगा/गी	मी पिईन
होना/असणे	मैं रहूँगा/गी	मी असेन

2. कर्ता के रुप में 'तू'' आने पर यह बदल होता है–

पी	तुम पीओगे/गी	तू पीशिल.
पढ/वाच	तुम पढ़ोगे/गी	तू वाचशिल
ले/घे	तुम लोगे/गी	तू घेशील

3. अकर्मक क्रिया के अंत में 'इन' आने पर हिन्दी मी जिस प्रकार बदल होता है वैसा मराठी मे नहीं होता।

राजा गायेगा/रानी गायेगी	राजा गाईल/राणी गाईल
वह लायेगा/वह लायेगी	तो आणेल/ती आणेल
यह चलेगा/यह चलेगी	हा चालेल/ही चालेल

4. नकारात्मक भाव व्यक्त करने के लिये 'नहीं' 'ना'(नाही, नका) शब्द का उपयोग होता है।

उदा.	मैं नहीं लिखूँगा	मी लिहीणार नाही
	तुम मत करो	तुम्ही करु नका.

गा (will) न

अंग्रेजी में 'विल' सहायक क्रिया भविष्य काल सूचित करती है. उसी प्रकार हिन्दी मे 'गा,गी,गे' का और मराठी में 'न,ल' का उपयोग होता है।

उदा .	मैं कल आऊँगा	मी उद्या येईन

भविष्य काल सूचित करने के लिये क्रिया में होने वाले बदलाव:

मैं करुँगा।	मी करेन	तुम करोगी / गें	तुम्ही कराल
हम करेंगें।	आम्ही करु.		

मराठी में वाक्य में क्रिया के साथ 'ल' या 'न' आने पर वह भविष्य काल सूचित करता है।

लता करेंगी।	लता करील	मैं करुँगी।	मी करीन

कृदन्त (Participles) कृदंत/धातुसाधित विशेषण

दन्त तीन प्रकार के होते हैं। क्रिया वर्तमान काल, भूतकाल या भविष्य काल में हो रही है यह बताने के लिये वाक्य के अंत मे आने वाले शब्द को कृदन्त कहते हैं।

1. वर्तमान कालिक कृदन्त (Present Participle) वर्तमान कालिन कृदंत

जब क्रिया वर्तमान में हो रही है यह बताया जाता है तो उसे वर्तमान कालिक कृदन्त कहते हैं।

उदा.	हँसते लड़के	हसणारी मुलं
	दौड़ते घोड़े	धावणारी मुलं

वर्तमान कालिक कृदन्त के बाद कालानुरुप बदलाव होते हैं।

उदा.	स्कूल जाते समय	शाळेत जातांना
	शहर से लौटते समय	शहरातून परततांना
	खाना खाते समय बात नहीं करनी चाहिये।	जेवतांना बोलू नये.

2. भूतकालिक कृदन्त (Past participle) भूतकालीक कृदंत

सामान्य भूतकालिक क्रिया के साथ स्वर आने से भूतकालिक कृदन्त बनता है।

उदा.	मरा मोर	मेलेला मोर
	सोई गाय	झोपलेली गाय

पढ़ी लिखी औरत — शिकलेली स्त्री
लेटा हुआ शेर — पहूडलेला सिंह

3. पूर्वकालिन कृदन्त (Perfect participle) भूतकाळ वाचक कृदंत

क्रिया के साथ हिन्दी में 'कर' और मराठी में 'उन' लगता है तो वह पुर्वकालिन कृदन्त बताता है।

उदा. सोमनाथ रोटी खा कर स्कूल गया। — सोमनाथ पोळी खाऊन शाळेत गेला

के/कर उन

हिन्दी में आने वाले 'के' 'कर' यह शब्द और मराठी मे 'हून' शब्द जब प्रथम क्रिया के साथ जोडे जाते हैं तो वह कार्य पूरा हो गया है ऐसा सूचित होता है। इसे पूर्वकालिन कृदन्त भी कहतें हैं।

उदा. हम खाना खाकर सिनेमा देखने गये। — आम्ही जेवण करुन सिनेमा पहायला गेलो.
मैं टी.वी. देखकर सो गया । — मी टि.व्ही. पाहून झोपलो

कोई क्रिया करने के बाद 'कर' का रुपांतर 'करके' में होता है लेकिन मराठी मे 'हून' ही कायम रहता है।

मेरी पिताजी स्नान कर के पूजा करते हैं। — माझे वडील आंघोळ करुन पूजा करतात

हिन्दी मे 'कर' क्रिया के बाद फिरसे 'कर' शब्द आने पर वह 'के' बन जाता है लेकिन मराठी मे वह ऊन' ही रहता है।

उदा. लक्ष्मी पाठ पढ़ कर सो गई। — लक्ष्मी धडा वाचून झोली.
कमलेश काम कर के चला गया। — कमलेश काम करुन निघून गेला.

सकर्मक क्रिया के पहले ''आना'' ''जाना'' शब्द आते हैं तो ''कर'' शब्द का लोप होता है।

उदा. देखा जाता है। — दिसून येते.
सुनाई देता है। — ऐकण्यात येते.
ले जाओ। — घेऊन जा.
किया हुआ। — केलेले.
पी जाओ। — पीऊन घ्या.

किसी कार्य को सतत किया जा रहा हो तो हिन्दी मे 'कर, करो'' शब्द का प्रयोग होता ह, तो मराठी मे ''जा'' का प्रयोग होता है।

उदा. रात दस बजे तक पढ़ा कर । — रात्री दहा वाजे पर्यंत वाचत जा.
माता–पिता पर प्रेम करो। — आई–वडिलांवर प्रेम करीत जा.
रोज सुबह योगा किया कर। — रोज सकाळी योगा करीत जा.

सहायक क्रियाऐं (Auxiliary Verbs) सहाय्यकारी क्रियापद

किसी भी भाषा में सहायक क्रिया बहुत महत्वपूर्ण रहता है। वह मुख्य क्रिया बताता है। उसकी वजह से वाक्य में वचन, लिंग, काल बदल जाता है। लेकिन मुख्य क्रिया धातु रुप होने से उसमें कोई बदलाव नहीं आता। इस के बारे में आगे कुछ जानेंगे।

होना   (Want) हवे / हवी / हवा

कुछ सहायक क्रिया व्यक्ति की पसंद के संदर्भ में होते हैं, तब ''होना'' (हवे) यह अर्थ निकता है।

उदा.   मुझे चाय चाहिये / होना।   मला चहा हवा.

लगना (To start) लागणे

यह शब्द बताता है की कार्य आरंभ हो चूका है। कभी—कभी बार—बार होनेवाली क्रिया के सम्बन्ध में भी इसका उपयोग किया जाता है।

उदा.   भास्कर दो बजे से पढ़ने लगे।   भास्कर दोन वाजे पासून वाचू लागला.

कर्ता के लिंग, वचन अनुसार ''लग'' का रुप बदलता है, क्रिया के अंत मे ''ने;; बन जाता है।
मराठी मे भी कर्ता के लिंग, वचन अनुसार यह बदल होता है।

उदा.   सोमेश्वरी पढ़ने लगी   सोमेश्वरी वाचू लागली
           कमल चलने लगा   कमल चालू लागला.
           वे सोने लगे   ते झोपू लागले.

चुकना (पूर्णता) (To end)

'चुका, चुकना' यह सहायक क्रिया सूचित करता है कि क्रिया पूर्ण हो गई है। कर्ता के लिंग, वचन अनुसार इसमें बदलाव होता है। मराठी मे ''झाले आहे'' शब्द आते हैं।

मैं खा चुका हूँ।   माझे खाणे झाले आहे.
तुम खा चुके हो।   तुखे खाऊन झाले आहे.

सकना (Can) शकणे

''सकना'' (शकणे) यह शब्द कार्य करने वाले कर्ता के सामर्थ्य को सूचित करता है। परवानगी लेते समय या पसंद व्यक्त करते समय भी इसका उपयोग होता है।

उदा.   तुम यह काम कर सकते हो।   तुम्ही हे काम करु शकता.
ऐसे समय क्रिया का केवल धातु रुप ही आता है, जैसे ''सकता'' (शकतो / ते)।

उदा.	पढ़ सकता हूँ।	वाचू शकतो.
	लिख सकता हूँ।	लिहू शकतो.

कर्ता के लिंग, वचन अनुसार यह रुप बदलता है।

उदा.	औरतें जा सकती हैं।	स्त्रीया जाऊ शकतात.
	तुम आ सकती हैं।	तू येऊ शकतेस.

पा/पाना (शक्ती बोधक) (Can) शकणे

हिन्दी में ''पा, पाना'' यह सहायक क्रिया ''सकना'' के अर्थ में ही प्रयोग मे लाई जाती है। यह शब्द किसी कार्य की असमर्थता की उल्लेख करता है। कर्ता के लिंग, वचन काल अनुसार इसमें बदलाव होता है और वह ''पायी'' ''पाये'' बन जाता है। मराठी मे (शकलो, शकलो नाही) इस रुप मे आता है.

कर्फ्यु की वजह से नहीं आ पाया।	कर्फ्युमुळे येऊ शकलो नाही.

चाह (want to) इच्छा व्यक्त

हिन्दी में ''चाह'' और मराठी में ''हवे, हवा, हवी''सहायक क्रिया इच्छा व्यक्त करता है। यह शब्द ''होना'' अर्थ से उपयोग में लाया जाता है। कर्ता के लिंग, वचन के अनुसार इसका रुप बदलता है।

उदा.	वह पढ़ना चाहता है।	तो शिकू इच्छितो, त्याला शिकायला हवंय.
	तुम क्या पढ़ना चाहती हो?	तुला काय शिकायचे आहे? शिकायला हवंय?

संयुक्त क्रियाएँ (Compound Verbs) संयुक्त क्रियापदे

अब मराठी भाषा ठीक से समझने के लिये इस भाषा में संयुक्त क्रिया का उपयोग कैसे होता है यह जानेंगे। कई बार यह सहायक क्रिया इसके सामन्य रुप में रख कर उसे मुख्य क्रिया के साथ जोड़ा जाता है.

उदा.	पड़ना, ड़ालना, जाना, देना,	लागणे, टाकणे, जाणे, देणे
	उठना बैठना, रखना, छोड़ना	उठणे, बसणे, ठेवणे, सोडणे

यह सब सहायक क्रियाएँ हैं। वे मुख्य क्रिया के बाद आती है और संयुक्त क्रिया याने दो क्रिया का संयोग बताती है। इस प्रकार सहायक क्रिया और मुख्य क्रिया मिलकर एक शब्द बनाते है।

पड़नाः पड़ना (पडणे) सुनना (ऐकणे) देखना (पाहणे) ऐसी विविध इंद्रियों से जुड़ी क्रियाएँ सुचित करती हैं।

उदा.	जान पड़ता है।	जावे लागते.

देखना पड़ता है।	पहावे लागते.
सुनना पड़ता है।	ऐकावे लागते.

लेना : लो, लीजिये इस अर्थ से इस शब्द का उपयोग होता है। मराठी में वह ''घेणे, घ्या, घ्यावे'' होता है.

उदा.	देख लेना	बघून घ्या
	यह प्रवचन सुन लेना	हे प्रवचन ऐकून घ्या.

बैठना : (बसणे) यह शब्द कोई क्रिया अचानक हो गई यह बताता है।

उदा.	बोल बैठना	बोलून बसणे
	मैं कर बैठा	मी करुन बसलो

उठना : (टाका) यह शब्द भी अचानक हो गई क्रिया के बारे में बताता है।

उदा.	देख उठना	बघून टाकणे
	उस समय देख उठना	त्या वेळी बघून टाका

नोटः इसका उपयोग नहीं होता।

देनाः इस शब्द का उपयोग अनुमति देना इस अर्थ में होता है।

उदा.	जाने देना	जाऊ देणे
	आप उसे जाने दीजिये।	तुम्ही त्याला जाऊ द्या.

लेना (आत्मार्थ क्रिया) (Self) घेणे

यह सहायक क्रिया बहूत महत्वपूर्ण है।

उदा.	मैं यह काम कर लेता हूँ।	मी हे काम करुन घेतो.
	तुम यह पेपर ले लो।	तुम्ही हा पेपर घेऊन घ्या.

दे (let) द्यावी

यह सहायक क्रिया भी अनुमति लेने के लिये उपयोग में लाई जाती है।

उदा.	मुझे अनुमति दो।	मला परवानगी द्या.
	मुझे जाने दो।	मला जाऊ द्या.

हिन्दी में यह शब्द लिंग, वचन अनुसार बदलता है– उसे जाने दो। मराठी में वह 'द्या' ही रहता है। त्यांना जाऊ द्या, तीला जाऊ द्या.

जाना (Ought to) जाणे

यह विधि बोधक (आज्ञावाचक) सहायक क्रिया है। जो कार्य करने जा रहें है उस के बारे मे बताया जाता है।

उदा. तुम यहाँ आ जाना।	तुम्ही इथे येऊन जा
मुझे वह ले जाना है।	मला ते घेऊन जायचे आहे.

यह शब्द भूतकाल में '' गया'' (गेला, गेली, गेलो) बन जाता है।

उदा. मैं ले कर गया।	मी घेऊन गेलो.

करना पड़ना (Have to) करावे लागणे

कोई काम करना पडेगा इस अर्थ से सहायक क्रिया का उपयोग होता हैं।

उदा. मुझे वह काम करना पड़ा।	मला ते काम करावे लागले.
उसे यह मानना पड़ा।	त्याला हे मान्य करावे लागले.

दूर करना (Away) दूर करणे

किसी क्रिया द्वारा कोई चीज को दूर करने के लिये यह सहायक क्रिया का प्रयोग होता है।

उदा. तोड़ डालना	तोडून टाकणे
काट डालना	कापून टाकणे
मैं उसे तोड़ डालता हूँ।	मी ते तोडून टाकतो.
मैं उसे काट ड़ालूँगा ।	मी त्याला तोडून टाकीन.

रखना (Keep) ठेवणे

यह क्रिया संरक्षण अथवा रखने के लिये प्रयोग में लाई जाती है।

उदा. व्यापारी ने करोड़ों रुपये कमा रखे हैं।
व्यापाऱ्याने करोडो रुपये कमावून ठेवले आहेत.

प्रेरणार्थक क्रिया (Causal Verb) कारणीभूत ठरणारे क्रियापद

हम रोजमर्रा के जीवन में कई काम स्वयं न करते हूए औरों के द्वारा करवाते हैं। या किसी और को बोल कर करवाते हैं। इसे ही प्रेरणार्थक क्रिया कहा जाता है।

नियम 1. कोई कार्य स्वयं करते समय क्रिया का मूल रुप नहीं बदलता।
उदा. करना– मुझे आज यह काम करना है।
करणे– मला आज हे काम करायचे आहे.

नियम 2. जब कोई कार्य किसी और के द्वारा करवाया जाता है तब क्रिया के मूल रुप से दूसरा वर्ण दीर्घ हो जाता

है। जैसे, ' करना' का "करवाना या कराना "(करवून) बन जाता है।

उदा. यह काम उसे कहकर करवाना हैं। हे काम त्याला सांगून करवून घ्यायचे आहे।
पहले नियम में कर्ता प्रधान होता हैं, दुसरे नियम में कर्म प्रधान होता है तो तीसरे नियम में
उपकर्ता–कोई और–प्रधान होता हैं।
नियमः एक वाक्य में कर्ता, कर्म और क्रिया होते हैं।

कर्ता – कार्य करने वाला   **कर्म** – कार्य की सफलता को पाने वाला

क्रिया – कार्य को बताने वाल
परंतू प्रेरणार्थक क्रिया मे कर्ता+उपकर्ता+कर्म+क्रिया होते है।

मैं ने कपड़े सिये।   मी कपडे शिवले
मैं ने कपड़े दर्जी से सिलवाये।   मी कपडे शिंप्याकडून शिवून घेतले।

क्रिया विशेषण (Adverbs) क्रिया विशेषण

क्रिया विशेषण कार्य की विशेषता बताता है। जैसे– जोर से (जोरात) धीरे (हळू)
उदा. तुम जोर से भागते हो।   तुम्ही जोरात धावता.
तुम धीरे–धीरे लिखते हो।   तुम्ही हळू हळू लिहीता.

रोज	दररोज	बीता हूआ कल	काल
दिन	दिवस	आने वाला कल	उद्या
हमेशा	नेहमी	अक्सर	सहसा
कभी–कभी	कधी कधी	जोर से	जोरात
तुरंत	त्वरीत	आजकल	आजकाल / हल्ली
जरा	जरा / थोडे	खुब	खूप
देर	उशिर	नीचे	खाली
कब	कधी	अब	आता
जल्दी	लवकर	तेज	वेगाने
परसों	परवा	बिलकुल	मुळीच
ज्यादा	जास्त	कम	कमी
अंदर	आत	बाहर	बाहेर
उपर	वर	धीरे	हळू

अब कुछ मुख्य रुप में आने वाले पद देखेंगें।

जब	जेव्हा	**जहाँ**	जिथे
जैसा	जसा	**जितना**	जितका

यह चार शब्द क्रिया विशेषण है। ''जब'' (जेव्हा) समय सुचित करता है, ''जहाँ''(जिथे) स्थान सूचित करता है। ''जितना'' (जितका) यह प्रमाण सूचित करता है।

यह चार क्रिया विशेषण स्वतंत्र रुप से कार्य नहीं करतें है। उनका प्रयोग करते समय इन शब्दों का उपयोग किया जाता है।

जब–तब	जेव्हा–तेव्हा	जहाँ–वहाँ	जिथे–तिथे
जैसा–वैसा	जसा–तसा	जितना–उतना	जितका–तितका

उदा. जहाँ सूरज रहता है, वहाँ अंधेरा नहीं होता।   जिथे सूर्य असतो, तिथे अंधार नसतो.

जब मैं कलकत्ता गया था, तब वहाँ एक सिनेमा की शूटिंग चल रहा थी।
जेव्हा मी कलकत्त्याला गेलो होतो, तेव्हा तिथे एका सिनेमाचे शूटिंग चालू होते.

जितने रुपयों में यह मेज मिली उतने रुपये में कुर्सी नहीं मिलती।
जितक्या रुपयात हे टेबल मिळाले, तितक्या रुपयात खुर्ची मिळत नाही.

जैसे राधा गाती है, वैसे ही रोजा भी गाती है।
जशी राधा गाते, तशीच रोजाही गाते.

अब कुछ और पदों के बारें मे जानेंगे।

कितना–कि (so that) किती (इतका–की)

किसी बात को विस्तार पूर्वक बताते समय इन शब्दों का उपयोग होता हैं।

उदा. मैं इतना कमजोर था कि कुर्सी से उठ भी नहीं सकता था।
मी इतका अशक्त होतो की खुर्चीवरुन उठूही शकत नव्हतो.

यदि–तो (if - were) जर–तर

उदा. यदि पिताजी के पास धन होता तो वे मोटर साईकिल खरीद लेते।
जर वडिलांजवळ पैसे असते तर त्यांनी मोटार सायकल विकत घेतली असती.

जिस–उस (which - that) ज्या–त्या

उदा. जिस तरह राम कर रहा है, उस तरह तुम भी करो।
ज्याप्रमाणे राम करीत आहेत, त्या प्रमाणे तूही कर.

ना ये ना वो (neither-nor) ना हे ना ते

उदा. उसके पास ना धन था ना विद्या।   त्याच्याजवळ ना धन होते, ना विद्या.

ज्योंही–त्योंही (No sooner - than) की लगेच

एक कार्य के समाप्त होते ही जब दुसरा शुरु होने वाला होता है तब यह शब्द कहे जाते हैं।

उदा. जब गौतमी घर पहूँची तब उसने मुझे बुलाया।
जेव्हा गौतमी घरी पोहोचली तेव्हा तीने मला बोलावले.

ज्यों ही कमल ने किशोर को देखा, त्यों ही उसने आवाज दी।
कमलने किशोरला पाहीले की लगेच त्याला हाक मारली.

यद्यपि–तो भी (even though-Also) जरी–तरीही

उदा. यद्यपि उसके पास धन नहीं हैं, तो भी वह लोगों की मदद करता है।
जरी त्याच्याजचळ धन नाही तरीही तो लोकांची मदत करतो.

या तो यह–या तो वह this or that हे किंवा ते

उदा.वह या तो क्रिकेट खेलता है या हॉकी।
तो एकतर क्रिकेट खेळतो किंवा हॉकी.

जिधर–उधर (where there is) जिथे–तिथे

उदा. जिधर/जहाँ राधा रहती है, उधर/वहाँ कृष्ण भी रहता है।
जिथे राधा असते, तिथेच कृष्णही असतो.

कि (that) कि

यह शब्द एक समुच्चय बोधक अवश्य है। एक वाक्य के साथ दुसरे वाक्य को जोडने के लिये इसका प्रयोग किया जाता है। ''कि'' शब्द के बाद कर्ता ने जो कहा है वह शब्द वैसे ही कहे जाते हैं।

उदा. भास्करजी ने कहा कि कल वहाँ बडा कार्यक्रम होने वाला है।
भास्करजी म्हणाले की उद्या तिथे एक मोठा कार्यक्रम होणार आहे.

''या'' इस शब्दका जिस अर्थ में हिंदी में प्रयोग होता है, उसी अर्थ मे मराठी मे ''की'' का प्रयोग किया जाता है।

उदा. आप हिंदी समझ सकते हैं या नहीं?
तुम्हाला हिंदी कळते की नाही?

रहिम बहुत दुखी है, क्यों कि उसकी माँ बिमार है।
रहिम फार दुःखी आहे, कारण त्याची आई आजारी आहे.

सो (such) ते

अनेक समुच्चय बोधक शब्द आने पर हिन्दी में ''सो'' शब्द अनेक अर्थ व्यक्त करता है, इसी प्रकार मराठी में ''ते'' शब्द आता है।

उदा. देखने योग्य	पाहण्यायोग्य
करने योग्य	करण्यायोग्य
प्राप्त करने योग्य	प्राप्त करण्यायोग्य
कमाया सो	कमावले ते
देखा सो	पाहीले ते
किया सो	केले ते

मैंने अब तक जो कमाया सो खर्च कर दिया।
मी आत्ता पर्यंत जे कमावले ते खर्च केले.

आपने जो देखा सो सच है।   तुम्ही जे पाहिले ते खरे आहे.
आपने जो किया वह गलत था।   तुम्ही जे केले ते चुकीचे होते.

सा (Like) सम

''सा'' यह शब्द सामान्य बातचीत में या किताबों मे नहीं होता, परंतु कविता या गीतों में होता हैं।

उदा. तुमसा कोई नहीं।   तुजसम तूच.
दीवाना मुझसा नहीं।   माझ्यासम वेडा कोणीच नाही.

सम्बन्ध सूचक (Preposition) शब्द, संज्ञा वाचक या सर्वनाम वाचक शब्दों को जोड़ कर वाक्य में उनके बारे में प्रयोग किया जाता है।

उदा. हिंदी – को, से, की, में, पर
मराठी– ला, पासून, हून, की, आत, पण

बिल्ली कमरे में है।	मांजर खोलीत आहे.
हैदराबाद से मुंबई कितना दूर है?	हैद्राबादहून मुंबई किती दूर आहे?

सम्बन्ध सुचक अवयव के दो प्रकार– 1.सम्बन्ध सूचक 2. अनुबन्ध सूचक

सम्बन्ध सूचकः (Like)

यह शब्द संदर्भ के अनुसार संज्ञा, वचन, सर्वनाम के प्रत्यय के बाद आता है।

उदा. मैं आप का करीबी रिश्तेदार हूँ।	मी तुमचा जवळचा नातेवाईक आहे.
तुम मेरे घर की ओर जा रहे हो।	तुम्ही माझ्या घराकडे चालला आहात.

	कुछ सम्बन्ध सूचक	काही संबंध सूचक
1.	के बाद	च्या नंतर
2.	के पहले	च्या नंतर
3.	के उपर	च्या वर
4.	के नीचे	च्या खाली
5.	के पास	च्या जवळ
6.	के दूर	च्या पासून
7.	के अंदर	च्या आत
8.	के बाहर	च्या बाहेर
9.	के पीछे	च्या मागे
10.	के बारे में	च्या विषयी
11.	के सामने	च्या समोर
12.	के साथ	च्या सोबत
13.	कि ओर / तरफ	च्या दिशेने / कडे

14.	के अलावा	च्या विना
15.	के जगह	च्या जागी
16.	के लिए	च्या साठी
17.	के कारण	च्या मुळे
18.	के सिवा	च्या शिवाय
19.	की तरह	च्या सारखे
20.	के यहाँ	च्या कडे/च्या तिथे

2. जो अवयव कर्ता के साथ सम्बन्ध बताता है, वह है अनुबन्ध सूचक।

उदा. सहित, तक — सह, पर्यंत

मैं ग्यारह बजे तक रहता हूँ। — मी अकरा वाजेपर्यंत असतो.
चोर जेवरों के साथ नगद पैसा भी ले गये. — चोरांनी दागिन्यांसह पैसेही नेले.

7.समुच्चय सूचक (conjunction)उभयान्वयी अवयव

यह दो शब्दों को या दो बातों को जोड़ता हैं।

उदा.	और, इसलिये	आणखिन, यासाठी
	वा, क्यों की	वा, कारण की
	या, यद्यपि	किंवा, जरी
	अथवा, और, एवं,व	अथवा, आणि, एवं, व
	कि, परंतू, पर	की, परंतू, पण
	अतः किन्तू	म्हणून, पण
	मानो, माने	समजा, म्हणजे

उदा. यह काम केशव करता है या राजेश? — हे काम केशव करतो की राजेश?
आपको और मुझे जाना है। — तुम्हाला आणि मला जायचे आहे.

के (Because) की

यह शब्द हिन्दी भाषा में विशेषतः कविता में सहायक पद के रुप में उपयोग में लाया जाता है। गीतों में भी इसका उपयोग होता है।

उदा. के जैसे तुझको बनाया गया जै मेरे लिये। की जणू तुला माझ्यासाठी बनवले गेले आहे.
के ये बदन ये निगाहें मेरी अमानत है। की जणू ही तनु, हे नयन माझ्याच साठी आहेत.

के सिवा (Except) च्या वाचून/विना

किसी खास व्यक्ति के अलावा यह काम कोई नहीं कर सकता इस मतलब से इस शब्द का प्रयोग होता है।

उदा. उनके सिवा यह काम कोई नही कर सकता।
त्यांच्यावाचून हे काम कोणीच करु शकत नाही.
इसी अर्थ से "के बिना" "च्या वाचून" शब्द आता है।

उदा. तेरे बिना जिंदगी।
तुझ्यावाचून आयुष्य.

के अलावा (Besides) च्या शिवाय

किसी खास व्यक्ति के अलावा अन्य व्यक्ति यह काम कर सकती है, यह सूचित किया जाता है।

उदा. सिकंदराबाद के अलावा हैद्राबाद में भी ऐसा भवन है।
सिकंदराबाद शिवाय हैद्राबादमध्येही असे भवन आहे.

"के अलावा" " के बिना" " के सिवा" ("च्या विना" "च्या वाचून" "च्या शिवाय")
यह शब्द वचन, कर्म, सर्वनाम इनके पहले आते है।

उदा. बिना ऑपरेशन के वह ठीक नहीं होगा।
ऑपरेशन केल्याशिवाय तो बरा होणार नाही.

सिवा उसके यह काम कौन करेगा?
त्याच्या विना हे काम कोण करील?

हिन्दी के अलावा मराठी में भी बडे पंड़ित हैं।
हिंदी शिवाय मराठीतही मोठे पंडित आहेत.

विस्मय सूचक (interjection) उदगार वाचक

विस्मय सूचक शब्द दुःख, शोक, सुख, हर्ष, आश्चर्य ऐसे भाव व्यक्त करते हैं।

उदा. शाबाश, अरे, हाय हाय — शाब्बास, अरेरे, बापरे

विस्मय सूचक विस्मयादी बोधकः

1. हर्ष, आनंद सुख व्यक्त करता है।

उदा. आहा! बहोत अच्छे, शाब्बाश! — आहा! फार छान, शाब्बास!

2. शोक सूचकः यह शब्द शोक सूचित करते हैं।

उदा. हे राम! हाय री किस्मत! — हे राम!, हाय दुर्दैव1

हे भगवान! — हे भगवान!

3. आश्चर्य सूचकः यह शब्द आश्चर्य व्यक्त करते हैं।

उदा. अच्छा! ऐसा? हाँ? — अस्स! बरं! होय?

4. तिरस्कार सूचकः तिरस्कार सूचित करने वाले शब्दः

उदा. छी! , चुप, हट, अरे — शी! चुप, हट, अरे

5. संबोधन सूचकः यह शब्द संबोधन सूचित करते हैं:

उदा और, आदि अरे अरी — आणि इत्यादी अरे अग

5

शब्द निर्माण और शब्द विभाजन
(Word building and division of words)
शब्द निर्मिती आणि शब्द विभाजन

रचना अनुसार पदों का विभाजन तीन भागों मे किया गया है।

1. रुढी 2. यौगिक 3. योग रुढि

1. **रुढि शब्द** को विभाजित किया जाय तो कोई अर्थबोध नहीं होता।

बिल्ली	मांजर
आदमी	माणूस
कुर्सी	खुर्चि
औरत	बाई

2. **यौगिक** : दो या दो शब्दों के अंश से बनने वाला शब्द।

उदा.	कार्यदर्शी	कार्यदर्शी
	रसोई घर	स्वयंपाकघर
	कार्यसिध्दी	कार्यसिध्दी
	वचनपूर्ती	वचनपूर्ती

3. **योग रुढि**: यह शब्द भी साधारणतः दो शब्द मिलकर बनता है इसलिये विशेष अर्थ सूचित करता है।

उदा. चर्तुभुज : सामान्य अर्थ–जिसके चार मुँह है–विशेष अर्थ–ब्रम्हा

वायुनन्दन : सामान्य अर्थ–वायु का पुत्र–विशेष अर्थ–हनुमान

6 वाक्य (Sentences) वाक्य

हमने पदों के बारे में जाना अब वाक्य के बारे में जानेगे।

1. संपूर्ण अर्थ बतानेवाले शब्द समूह को वाक्य कहा जाता है।

उदा. मैं खेलता हूँ।	मी खेळत आहे
तुम कौन हो?	तुम्ही कोण आहात?
गाय दूध देती है।	गाय दूध देते.
हम काम करते हैं।	आम्ही काम करतो.

2. साधारण वाक्य में कर्ता, कर्म और क्रिया तीन घटक होते हैं।

कर्ता : कार्य करने वाला	कर्ता–कार्य करणारा
कर्म : कार्य का फल प्राप्त करनेवाला	कर्म–कार्याचे फळ मिळवणारा
क्रियाः क्रिया सूचित करने वाला शब्द	क्रियापदः क्रिया सुचवणारा शब्द

उदाः गाय दूध देती है। इस वाक्य में गाय कर्ता, देती क्रिया और दूध कर्म है।

गाय दूध देते. या वाक्यात गाय कर्ता, देते क्रिया आणि दूध हे कर्म आहे.

कभी–कभी ऐसा भी हो सकता है की वाक्य में कर्म न हो।

कधी कधी वाक्यात कर्म नसते.

3 उदा. किशोर खेल रहा है। इस वाक्य में कर्ता किशोर है, क्रिया खेलना है परंतु वह क्या खेल रहा है इस बात का विवरण नहीं हैं, मतलब कर्म नही हैं।

किशोर खेळत आहे या वाक्यात किशोर कर्ता तर खेळणे हा क्रियापद आहे पण तो काय खेळत आहे याचे स्पष्टीकरण नाही म्हणजे कर्म नाही.

उदा. हम पढ़ाते हैं।	आम्ही शिकवतो.
दूध सफेद हैं	दूध पांढरे आहे.
हमारा देश सुंदर है।	आमचा देश सुंदर आहे.

4. हिन्दी में विरुध्द अर्थ देने वाले शब्द में ''नही'' और मराठी मे ''नाही'' शब्द आता है।

वह काम नहीं करता।   तो काम करीत नाही.

यह अच्छा नहीं है।   हे चांगले नाही.

वाक्य तीन प्रकार के होते है।

1. साधा वाक्य (Simple Sentence) साधे वाक्य

इस वाक्य में एक कर्ता, कर्म और क्रिया आते है।
उदा.   कल्याण काम करता है।   कल्याण काम करतो.

2.संमिश्र वाक्य (complex sentence) मिश्र वाक्य

जब एक वाक्य पर आधारीत दुसरा एक या दो आधे वाक्य आते हैं, तो उसे संमिश्र वाक्य कहा जाता है।
उदाः मुझे सिरदर्द हो रहा है, इसलिये मैं दफ्तर नहीं आ सकता।
      माझे डोके दुखत आहे, म्हणून मी कार्यलयात येऊ शकत नाही.

3. संयुक्त वाक्य (compound sentence) संयुक्त वाक्य

दो और उस से ज्यादा सरल वाक्य मिलाकर जो वाक्य होता है उसे संयुक्त वाक्य कहते है ।
उदाः   मैं मीठापुरम जाऊँगा लेकिन खाना खाकर जाऊँगा
         मी मीठापुरमला जाईन पण जेवण करुन जाईन

7 वाच्य (Voice) प्रयोग

मराठी में भी हिन्दी की तरह वाच्य तीन प्रकार के होते हैं। हर वाक्य में कर्ता **(subject)** कर्म **(object)** और क्रिया होता है. क्रिया **(verb)** के अनुसार वाच्य तीन प्रकार के होतें है।

1.कर्तृ वाच्य	**(Active Voice)**	**कर्तरि प्रयोग**
2.कर्म वाच्य	**(Passive Voice)**	**कर्मणी प्रयोग**
3.भाव वाच्य	**(Impersonal voice)**	**भावे प्रयोग**

1. कर्तृ वाच्य (Active Voice) सकर्मक वाक्य/कर्मणी प्रयोग

इस में कर्ता याने कार्य करने वाले के बारे में विशेष रुप से बताया जाता हैं।

उदा.	सुभाष रात खत लिख रहें हैं।	सुभाष रात पत्र लिहीत आहेत.
	मैं महाभारत पढ़ रहा हूँ।	मी महाभारत वाचत आहे.

2. कर्म वाच्य (Passive Voice) अकर्मक वाक्य/कर्मणी प्रयोग

इसमे कर्म के बारे मे प्रधान रुप से बताया जाता है। इसमे क्रिया का रुप हमेशा भूतकाल में आता हैं। जैसे– गया, आयी, मिला।

उदा.	राम द्वारा रावण मारा गया।	रामाच्या हातून रावण मारला गेला.
	गौरी द्वारा यह काम किया गया।	गौरीच्या हातून हे काम केले गेले.

3. भाववाचक वाच्य (Impersonal Voice) भावे/अव्यक्तीगत प्रयोग

इस में कर्ता और कर्म के साथ ही भाव को प्राधान्य दिया जाता है। इसलिये क्रिया भावात्मक बन जाती है।

उदा. वह कुत्ता भाग नहीं सकता। — तो कुत्रा पळू शकत नाही.

इसमें कुत्ता भाग नहीं रहा, कुत्ते की द्वारा कोई क्रिया नहीं हो रही यह बताना मुख्य भाव हैं।

तुमसे यह काम किया नहीं जाता। — तुझ्याने/तुमच्याने हे काम केले जात नाही.

इस वाक्य में कर्म को प्रधानता दी गई हैं।

इसमे ध्यान देनेवाली बात यह है की हिन्दी में ''गया'' सहायक क्रिया का दुसरा रुप ''जाता'' आया है तो मराठी में ''जाणे'' शब्द का रुप ''जात'' बन कर उसके साथ नहीं जुड़ गया है। अक्सर क्रिया का रुप भूतकाल में ही रहता है।

8 उपसर्ग (Prefix) उपसर्ग

किसी शब्द के पहले जिस शब्द के आने से उस शब्द का अर्थ बदल जाता है उसे उपसर्ग कहते है। एक दो या तीन वर्ण मिलकर यह शब्द बनता है। हिन्दी कर तरह मराठी में भी अनुचर, कुसंगति ऐसे शब्द पाये जाते हैं।

उदा. उप+नाम = उपनाम उप+नाम= उपनाम

आ+जीवन= आजीवन आ+जीवन= आजीवन

कुछ और उपसर्ग देखेंगे जो मराठी में भी पाये जाते हैं।

सु	सुयोग, सुदिन, सुपुत्र, सुशीला
कु	कुमार्ग, कुसंगति, कुपुत्र, कुपात्र
अति	अतिशय
आ	आजीवन, आजन्म, आकंठ
अप	अपप्रचार, अपवाद, अपमान, अपकीर्ति
प्रति	प्रतिरोध, प्रतिकार, प्रतिग्रह
अनु	अनुमति, अनुज, अनुवाद

9 प्रत्यय (Suffix) प्रत्यय

जिस शब्द के अंत में दूसरा शब्द के जुड़ने पर पहले शब्द का अर्थ बदल जाता है, उसे प्रत्यय कहते हैं। इसके दो प्रकार है।

1.कृत प्रत्यय (Verbal Suffix)
क्रिया सूचक धातु के अंत यह प्रत्यय आता है।

उदा. वाला जानेवाला, मिलनेवाला, देखनेवाला, करनेवाला
मराठी मे यह ''रा''प्रत्यय लगाया जाता है।
उदा. जाणारा, भेटणारा, पाहणारा, करणारा

2. तद्वितीय प्रत्यय संज्ञावाचक (नामवाचक) शब्द के अंत में आने वाला प्रत्यय। यह हिन्दी तथा मराठी में एक जैसा होता है।

उदा. दूधवाला, गायवाला, धनवान, सब्जीवाला (भाजीवाला)

वाला याने करने वाला अधीन–स्वाधीन आचार–पापाचार, स्वैराचार

अर्थ–लाभार्थी, प्रतीक्षार्थी

पर–परधर्मीय, परप्रांतिय, परकीय

यह शब्द दोनों भाषा में समान है।
कुछ प्रत्यय के उदाहरण: प्रत्यय नी– चटनी छाटनी

या–सौंदर्य

ता–सज्जनता

इक–सांस्कृतिक, धार्मिक, आर्थिक

हिन्दी के कुछ प्रत्यय मराठी में नही है: वट–रुकावट

आई– सुनाई, दिखाई

आल–ससुराल

ने ने/नी

अब तक मराठी व्याकरण के बारे में बहुत कुछ जान चुकें है। अब हिन्दी में ''ने'' और मराठी में ''ने'' या ''नी'' प्रत्यय कर्ता के बाद किस प्रकार आता है यह समझिये।

नियम 1. ''ने''' या ''नी'' शब्द भूतकाल में सकर्मक क्रिया के रुप में आता है.

नियम 2. यह प्रत्यय आने पर क्रिया और कर्म में लिंग वचन अनुसार बदलाव होता है।

उदा. गौरी ने दो रोटियाँ खाई।	गौरी ने दोन पोळ्या खाल्ल्या.
राज ने आम खाया।	राज ने आंबा खाल्ला.

नियम 3. वर्तमान काल और भविष्य काल में ''ने'' प्रत्यय नहीं आता।

नियम 4: कर्म का लोप होने पर, कर्म के बाद विभक्ति प्रत्यय आने पर पुल्लिंग एकवचन रहता है।

उदा. उसने सुना	त्याने ऐकले
हम ने देखा	आम्ही पाहीले.
सोमनाथ ने कुत्ते को मारा।	सोमनाथने कुत्र्याला मारले.

नियम 5: सकर्मक क्रिया के बाद ''ने'' प्रत्यय नही लगता।

उदा. हम एक किताब लाये।	आम्ही एक पुस्तक आणले.
मैं अंग्रेजी सीख चुका।	माझे इंग्रजी शिकून झाले.
तुम इनका नाम भूल गये।	तुम्ही यांचे नाव विसरलात.
बच्चा मराठी में बोला।	मुलगा मराठीत बोलला.
आप पानी पी सके	आपल्याला पाणी पीता यावे

⑩ विधि वाचक (Imperative Mood) आज्ञार्थक/आज्ञावाचक

आदेश, आज्ञा, विनंती सुचित करने वाले क्रिया रुप विधी वाचक कहलाये जाते है। उनके कुछ नियम :

नियम 1: इन विधि वाचक क्रिया में ''तुम,आप'' (तुम्ही, आपण) यह सर्वनाम आते हैं।

नियम 2: ''तू'' इस शब्द का उपयोग छोटे बच्चे, नौकर इनके लिये किया जाता है, हिन्दी में जहाँ ''तुम'' शब्द आता है उसके लिये मराठी में ''तुम'' के बदले कई बार ''तू'' शब्द का उपयोग होता हैं।

नियम 3: ''तुम'' यह शब्द हिन्दी में सहपाठी, सहकारी, मित्र इनके लिये उपयोग में लाया जाता हैं किन्तु मराठी में ''तू'' कहा जाता हैं।

नियम 4: हिन्दी में ''तुम'' शब्द कर्ता हैं तो धातु के उपरांत 'ओ' लगाया जाता है, तो मराठी में ''वे'' शब्द का प्रयोजन होता है।

उदा. तुम करो   आपण करावे

        तुम देखो   तुम्ही बघावे

नकारार्थी वाक्य मे क्रिया के पहले हिन्दी मे ''मत'' लिखा जाता है तो मराठी मे क्रिया के बाद ''नका'' ''नको'' लिखा जाता है।

उदा. तुम मत आओ।   तुम्ही येऊ नका.

        आप मत कीजिए।   आपण करु नका.

        तू मत सुन।   तू ऐकु नकोस.

मत नको,(Do not) नका

हिन्दी में ''मत'' शब्द नकारार्थक होता है तो मराठी में ''नका'' शब्द नकारार्थक होता है।

उदा. झूठ मत बोलो।   खोटे बोलू नका.

        मेरी बात मत भूलना।   माझे म्हणणे विसरु नको.

        आप वहाँ मत जाइए।   तुम्ही तिथे जाऊ नका.

11 एक शब्द में लिखने वाली बातें — एका शब्दात व्यक्त करणे

अनेक शब्दों के लिये एक शब्द — **अनेक शब्दांसाठी वापरलेला एक शब्द**

मराठी भाषा में हिन्दी भाषा के कुछ शब्द पाये जाते हैं। जैसे, पाठशाला. नीचे ऐसे शब्द दिये गये हैं जो अनेक शब्दों का अर्थ एक ही शब्द में व्यक्त करने के लिये प्रयोजन में लाये जाते हैं. जैसे कपडे सीने वाले को दर्जी कहते हैं।

	हिन्दी	मराठी
1. कपड़े सीने वाला	दर्जी	शिंपी
2. खेती का काम करने वाला	किसान	शेतकरी
3. जिसे पैर नहीं है	लंगड़ा	लंगडा
4. जिसे बहूत ज्ञान है	विद्वान / पंड़ित	विद्वान / तज्ज्ञ
5 मंदिर में पुजा करने वाला	पुजारी	पुजारी
6. विरह से व्याकुल स्त्री	विरहिणी	विरहीणी
7. जो अभिमान करता है	अभिमानी / घमंडी	अभिमानी
8. सहयोग ना देना	असहयोग	असहयोग / असहकार
9. जो कुछ भी काम नहीं करता	बेकार	बेकार
10.प्रेम करने वाली स्त्री	प्रेमिका / प्रियतमा	प्रेयसी / प्रियतमा
11.जिसमें अच्छे गुण है	गुणवान	गुणी
12.समाज से संबंधित	सामाजिक	सामाजिक
13.जो बोल नही सकता	गुंगा	मुका
14.जो सुन नही सकता	बहेरा	बहिरा

15.कपड़े बुनने वाला	जुलाहा	विणकर/कोष्टी
16.सोने के गहने बनाने वाला	सुनार	सोनार
17.अपनी इच्छा नुसार करने वाला	स्वेच्छाचारी	मनस्वी
18.गीत गाने वाला	गवैया/गायक	गायक/गाणारा
19.तेल बेचने वाला	तेली	तेली
20.विद्या प्राप्त करने वाला	विद्यार्थी	विद्यार्थी
21.मेहनत करने वाला	मजदूर	मजूर/कष्टकरी
22.खेलने वाला	खिलाड़ी	खेळाडू

12 समानार्थी शब्द (Synonyms) समानार्थी शब्द

हिन्दी			मराठी
पुत्र	पुत्र	बेटा,सुत, कुमार	मुलगा,सुत, कुमार
पुत्री	पुत्री	बेटी, सुता, कुमारी	मुलगी, तनया,कुमारी
पति	पति	नाथ	नाथ / स्वामी
पत्नी	पत्नी	सती, स्त्री	बायको, भार्या
रुकावट	अडसर	रोड़ा	अडचण,अडथळा
सम्राट	सम्राट	महाराज	महाराज
सुन्दर	सुन्दर	खूबसूरत	छान,देखणे / देखणी
साहस	साहस	धैर्य	धाडस
मौन	मौन	चुपचाप	चुपचाप, मुकाट्याने
खुशी	आनंद	आनंद / संतोष	संतोष / समाधान
असत्य	असत्य	झुठ / अवास्तव	खोटे, अवास्तव
पागल	वेडा	दीवाना	खुळा / वेडसर
बहुत	कित्येक	कई / अनेक	अनेक,खुप
दुःख	दुःख	दर्द / व्याकुलता / उदासी	व्याकुळता,
बीमार	आजारी	अस्वस्थ	आजारी / रोगी
सत्य	सत्य	वास्तव / सच	खरे / वास्तविक
तन्दुरस्त	निरोगी	स्वस्थ	स्वस्थ

हिन्दी की तरह मराठी में भी समानार्थक द्वंद्व शब्द होते हैं.

जैसे: रोना—पीटना रडणे ओरडणे,   लड़ना—झगड़ना भाडण तंटा, बाल—बच्चे मुले बाळे, घर—द्वार   घर दार, आना —जाना येणे जाणे, गाना—बजाना गाणे बजावणे, गली—कुचे गल्ली बोळ, जान—बुझकर जाणून बुजुन, समझ—समझ कर—समजुन उमजुन.

13 विलोम शब्द (Antonyms) विरुध्दार्थी शब्द

किसी शब्द के विपरीत अर्थ बताने वाले शब्द को विलोम या विरुध्दार्थी शब्द कहते हैं।

	हिन्दी	मराठी	विलोम शब्द – हिन्दी	मराठी
1.	मोटा	जाड	पतला	पातळ
2.	ऊपर	वर	नीचे	खाली
3.	पुण्य	पुण्य	पाप	पाप
4.	पास	जवळ	दूर	लांब
5.	रात	रात्र	दिन	दिवस
6.	सुख	सुख	दुःख	दुःख
7.	धर्म	धर्म	अधर्म	अधर्म
8.	नया	नविन	पुराना	जुने, जुना, जुनी
9.	आरंभ	आरंभ	अंत	अंत, शेवट
10	कम	कमी	अधिक	अधिक, जास्त
11.	भुलना	विसरणे	याद करना	आठवणे
12.	डर	भिती	निडर	निर्भय
13.	आना	येणे	जाना	जाणे
14.	सच	खरे	झुठ	खोटे
15	मालीक	मालक	नौकर	नोकर
16	सत्य	सत्य	असत्य	असत्य
17.	बेचना	विकणे	खरीदना	खरीदणे, विकत घेणे

18.	खट्टा	आंबट	मीठा	गोड, मधूर
19.	प्रकाश	प्रकाश	अंधेरा	अंधार
20	भलाई	भलेपणा	बुराई	वाईटपणा
21.	अमीर	श्रीमंत	गरीब	गरीब, दरिद्री
22.	सफेद	पांढरा	काला	काळा
23.	बड़ा	मोठा	छोटा	लहान,छोटा
24.	प्रश्न	प्रश्न	उत्तर	उत्तर
25.	हँसना	हसणे	रोना	रडणे
26.	बलवान	बलवान	बलहीन	बलहीन,दुबळा
27.	न्याय	न्याय	अन्याय	अन्याय

14 द्विअर्थी (दो अर्थो वाले)शब्द (Punning Words) द्विअर्थी शब्द

हिंदी भाषा में एक शब्द के दो अर्थ निकलते हैं। संदर्भ के अनुसार अर्थ बदलता है, जैसे ''दो'' शब्द से दो अंक(मेरे पास दो रुपये है) और देना (यह किताब मुझे दो)यह दो अर्थ सुचित होते हैं। वैसे ही मराठी में होता है, जैसे ''जाउ'' शब्द का अर्थ संदर्भ के अनुसार बदलता है। वैसे ही नीचे ''जाउ'' शब्द का अर्थ दो अलग–अलग स्थानों पर बदलता है।

मुझे जाने दो।	मला **जाऊ** द्या
वह मेरी देवरानी/जेठानी हैं।	ती माझी **जाऊ** आहे.
वह वीर भारत माता का **लाल** हैं।	तो वीर भारत मातेचा **लाल** आहे.
सविता ने **लाल** साड़ी पहनी हैं।	सविता **लाल** साडी नेसली आहे.
मेरे प्रश्न का **उत्तर** दो।	माझ्या प्रश्नाचे **उत्तर** द्या.
हिमालय भारत के **उत्तर** में है।	हिमालय भारताच्या **उत्तर** दिशेला आहे.
पलभर रुको।	**पळ**भर थांब
भाग लो।	**पळ** काढ
मकड़ी जाल बुनती हैं।	**कोळी** जाळे विणतो.
मछुआरे मछली पकड़तें हैं।	**कोळी** मासे पकडतात.

15 द्विरुक्तशब्द (Double stressed words) द्विरुक्तिपूर्ण शब्द

मराठी भाषा में भी हिन्दी की तरह द्विरुक्त शब्द हैं। वे नाम वाचक, सर्वनाम, क्रिया, क्रियावाचक ऐसे सभी रुप में पाये जाते हैं।

1. द्विरुक्त संज्ञाये   **1. द्विरुक्तिपुर्ण संज्ञा**

उदा. फुल ही फुल– फुलेच फुले, घर ही घर– घरेच घरे, घर घर में–घरा घरात, भीड़ ही

भीड़–गर्दीच गर्दी, पानी ही पानी––पाणीच पाणी.

2. द्विरुक्त सर्वनाम   **2. द्विरुक्तीपुर्ण सर्वनाम**

एक एक––एकुण एक, कुछ ना कुछ––काही ना काही, हर कोई / हर एक–दरेक जण, किसी किसी को––कोणा कोणाला, खुद ब खुद / अपने आप–आपोआप.

3. द्विरुक्त विशेषण   **3. द्विरुक्तिपुर्ण विशेषण**

मोटे मोटे–जाडजुड, बड़े बड़े– मोठ मोठे, थोड़ा थोड़ा–थोडे थोडे, जरा जरा–अल्प स्वल्प, छोटे छोटे–लहान लहान, बहुत कुछ– फार मोठे, मीठी मीठी / मधुर मधुर–गोड गोड / मधुर मधुर, कुछ कुछ––काही काही.

4. द्विरुक्त क्रिया   **4. द्विरुक्तिपुर्ण क्रिया**

आते आते– येता येता, डरते डरते–घाबरत घाबरत, रोते रोते –रडत रडत, जाते जाते –जाता जाता, करते करते – करता करता , तैरते तैरते – पोहता पोहता

5. द्विरुक्त क्रिया विशेषण   **5. द्विरुक्तिपुर्ण क्रिया विशेषण**

कभी कभी– कधी कधी, कहीं न कहीं– कुठे ना कुठे कभी ना कभी–कधी ना कधी, जब जब–तब तब––जेव्हा जेव्हा–तेव्हा तेव्हा, जहाँ जहाँ–तहाँ तहाँ––जिथे जिथे–तिथे तिथे.

16 संधि (Union) संधि

इस दुनिया की सभी भाषाओं की जननी कहलाने वाली संस्कृत भाषा की तरह हर भाषा में संधी होती है। संधि का अर्थ है मिलाप, एक दुसरे में मिल जाना। इसी तरह भाषा सजीव रुप धारण करती है। वह अनंत समय तक टिक सकती है। अब संधि के बारे में कुछ जानेगे। दो शब्दों कि संधि में उन दो शब्दों के दरमियान + चिन्ह आता है। पहले शब्द का अंतिम वर्ण और दुसरे शब्द का प्रथम वर्ण मिलकर संधि बनती है। उदा. दश + अवतार = दशावतार,

अक्षर + अभ्यास = अक्षराभ्यास

संधि तीन प्रकार के हैं। स्वर संधि, व्यंजन संधि और विसर्ग संधि

1. स्वर संधि (Union of Vowel): दो स्वर मिलने से जो शब्द बनता है उसे स्वर संधि कहते हैं। इस संधि के अनेक प्रकार है। जैसे, गुण संधि, गण संधि, व्यंजन संधि वगैरा।

2.गुण संधि : अ या आ स्वर के बाद ई स्वर आता है तो ये दोनों मिल कर ए बनता है और उ आने पर ऑ बनता है।

गुण संधि का उदा. महा + इंद्र = महेंद्र राज + इंद्र = राजेंद्र

3 गण संधि : इ ई उ ऊ के बाद या ऋ स्वर के बाद अन्य वर्ण आने पर इ, ई के बदले या इ ऊ के स्थान पर तथा ऋ के स्थान पर 'र' आता है। जैसे, इति + आदि = इत्यादी अनु + एषन = अन्वेषण यदी + अपि = यद्यपि

1.वृद्धि संधि : अ या आ के बाद ए या ऐ आने पर दोनों मिलकर ऐ बनते हैं।

उदा. एक + एकेक = एकैक लिंग + ऐक्य = लिंगैक्य

अ अथवा आ के पश्चात ए या ऐ आने पर – एक + एक = एकेक

2. व्यंजन संधि (Union of Consonant): दो व्यंजन एक होने पर हो शब्द बनता है उसे व्यंजन संधि कहते हैं। इसमें व्यंजन के बाद स्वर या व्यंजन आने पर शब्द बदलता है।

उदाः वाक् + दान = वाग्दान

वाक् + इश = वागिश

3. विसर्ग संधि : विसर्ग के बाद स्वर या व्यंजन आने पर होने वाली संधि को व्यंजन संधि कहते हैं।

उदा : निः +चल =निश्चल

17 कहावतें (Proverbs) म्हणी

हिन्दी	मराठी
अपना हाथ जगन्नाथ	आपला हात जगन्नाथ
आकाश पाताल एक कर देना	आकाश पाताळ एक करणे
आओ चलें घर तुम्हारा, खाना माँगे दुश्मन हमारा	हलवायाच्या घरावर तुळशीपत्र
एक कान से सुनी, दुसरे कान से उड़ा दी	एका कानाने ऐकुन दुसऱ्या कानाने सोडून देणे
अपना पुत पराया टटिगर	आपला तो बाळया लोकांचे ते कार्टे
अध जल गगरी छलकत जाय	अर्धा पञा हिंदपळ्तो फार

अपने बच्चे को ऐसा मारुँ पड़ोसन की छाती फट जाए
माझ्या मुलाला असे मारीन की शेजारणीची छाती फुटून जाईल.

आई माई को काजर नहीं बिलाई भर माँगा	घरच्यांना दाणा नाही, परके ढेकर देतात.
आगे कुआँ, पीछे खाई	इकडे आड तिकडे विहीर
आने के धन पर सोर राजा	आयत्या बिळावर नगोबा
आँधा सिपाही, कानी घोड़ी विधाता ने आप मिलाई जोड़ी	आंधळ्या लंगड्याची जोडी
उल्टा चोर कोतवाल को डाँटे	चोराच्या उलट्या बोंबा

18 मुहावरे Idioms वाक्प्रचार

अँगूठा चूमना	अंगठा चुंबिणे
जी लगना	मन लागणे
जी लुभाना	मन मोहणे
जीते जी	तहहयात / जिवंत असे पर्यंत
टर फिस करना	हिडिस फिडिस करणे
टाट उलटना	बाजी पलटवणे
टाल मटोल करना	टाळाटाळ करणे
टीका टिप्पणी करना	नावे ठेवणे
अंकुश देना	लगाम घालणे
अंग छूना	अंग स्पर्शणे
अंग करना	आपलेसे करणे
अँगार उगलना	आग ओकणे
अँगार बरसना	राग राग करणे
अँगुली काटना	बोट कापणे
नजरें चढ़ना	नजरेस येणे
आँख चार होना	नजरेला नजर भिडणे
आँख निकालना	डोळे वटारणे
आँखें पथराना	वाट पाहून डोळे थकणे
आँख मटकाना	डोळ्याला डोळा भिडवणे

आँख में धूल झोंकना	डोळ्यात धूळ झोकणे
आँचल पसारना	पदर पसरणे
आँसू पोंछना	डोळे पुसणे
आजिज करना	आर्जव करणे
आठ–आठ आँसू रोना	धाय मोकलून रडणे
आड़े जाना	आड येणे
आपे से बाहर होना	ताबा घालवणे
आबरू काकर में मिलाना	अब्रु मातीत मिसळणे
आवारा होना	वेडे होणे
आशिक होना	फिदा होणे
आसमान पर चढ़ना	अभिमान येणे
आसमान सिर पर उठाना	घर डोक्यावर घेणे
आस्तीन का साँप	अस्तनीतला निखारा
छोटे कडना	कमी पडणे
जंगल में पड़ना, फसना	फसणे, अडकणे
जख्म खाना	दुखावले जाणे
जख्म देना	दुखावणे
जड़ें जमाना	बस्तान जमवणे
जबान चलाना	अद्वा तद्वा बोलणे, जीभ चालवणे
जर्द पड़ना	लाल होणे

जल उठ़ना	जळणे, इर्षा करणे
जवाब देना	थकून जाणे
जहर उगलना	विष ओकणे (वाईट बोलणे)
जान मारना	जीवे मारणे
जाया करना	वाया घालवणे
जाल फैलाना	जाळ टाकणे
जी उकताना	कंटाळून जाणे
जी करना	ईच्छा करणे, मनात येणे
जी जान से चाहना	मना पासून प्रेम करणे
जी भर कर	मन भरून
बकवास करना	बडबड करणे
वचन निभाना	वचन पाळणे
टेढ़ी आँखों से देखना	तिरक्या नजरेने पहाणे
गरदन नापना	गळा धरणे
गर्क होना	मग्न होणे
गर्दन पर छुरी पेरना	गळ्यावर सुरी चालवणे (धोका देणे)
गला छूटना	पिच्छा सुटणे
गला फाड़ना	ओरडणे
गशखाना	चक्कर येणे
गाढ़े दिन	वाईट दिवस

गाल फुलाना	तोंड फुगवणे
गाल बजाना	तोंडात मारणे
गालिब होना	फरार होणे
गाली खाना	शिव्या देणे
गिरफ्तारी निकलना	पकड वॉरन्ट निघणे
गीदड़ भपकी	पोकळ धमकी
गुस्सा उतरना	राग शांत होणे
गोता खाना	डुबकी मारणे
गोद लेना	दत्तक घेणे
गोबर गणेश होना	मेहनत पाण्यात जाणे
गोलबात	मोघम
गोल माल करना	अफरा तफर करणे
धुंआधार बरसना	धुंवाधार बरसणे
घन चक्कर में पड़ना	त्रास देणे
घर आबाद करना	घर वसवणे
घाट में आना	खोड्यत येणे
घाटा उठाना	नुकसान सहन करणे
घात चलाना	घात करणे
घाव पर नमक छिड़कना	जखमेवर मीठ चोळणे
घिन करना	घृणा करणे

टिका देना	लस देने
अंगुठा दिखाना	अंगठा दाखवणे
अंट शंट बकना	काहीही बरळणे
अंत करना	शेवट करणे
अंधाधूंध मचाना	अंदाधुंदी माजवणे
अँधा बनना	आंधळे होणे
अंधे की लाठी या लकड़ी	आंधळ्याची काठी
मुँह अंधेरे	भल्या पहाटे
अकड़ जाना	ताठरणे
अकल का दुश्मन	डोके फिरलेला, मुर्ख
अकल मारी जाना	मती गुंग होणे, डोके काम न करणे
अखरने लगना	टोचू लागणे
अपनी बात का एक	बोले तैसा चाले
आपने ढंग का	त्याच्या सरखा तोच
अपने मुँह मिया मिट्ठू बनना	स्वतःच्या तोंडाने स्वतःची स्तुती करणे
अफर जाना	फिरुन जाणे, बदलणे
अफवाह उड़ाना	अफवा पसरवणे
अब तब करना	आज–उद्या करणे
अब तब होना	पुढे मागे बघणे
अलख जगाना	चेतवणे

आँख अटकना	नजर रुतणे
आँख आना	डोळे येणे
आँख का काँटा	डोळ्यत खुपणे
आँखे गड़ाना	नजर रोखणे
आँखे खुलना	डोळे उघडणे

CONCISE DICTIONARIES
(संक्षिप्त शब्दकोश)

English-English Dictionaries

English-English-Hindi Dictionaries

English-Hindi Dictionaries

Hindi-English Dictionaries

ENGLISH DICTIONARIES

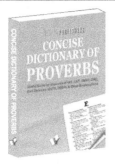  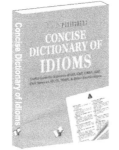  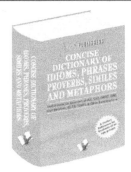

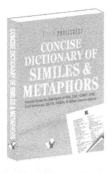 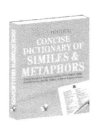   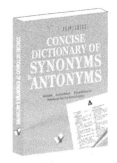

भाग - 2

PART - 2

भाग - 2

1. शरीर के अंग (Parts of the body) शरीराचे अवयव

1.	सिर	डोके / शिर
2.	बाल	केस
3.	माथा	कपाळ
4.	भौंह / भौंहे	भिवयी / भुवया
5.	पलक	पापणी
6.	आँख	डोळे
7.	नाक	नाक
8.	गाल	गाल
9.	मुँह	तोंड
10.	ओंठ	होठ
11.	दाँत	दात
12.	जीभ	जीभ
13.	गला	गळा
14.	कान	कान
15.	छाती	छाती
16.	कन्धा	खांदा
17.	पेट	पोट
18.	हाथ	हात
19.	हथेली	तळहात, तळवा
20.	कुहनी	कोपर
21.	लकाई	मनगट
22.	उंगली	बोट
23.	कमर	कंबर
24.	पीठ	पाठ
25.	रीढ़	पाठीचा कणा
26.	स्तन	स्तन
27.	हृदय	हृदय

28.	जाँघ	जंघा / मांडी
29.	घुटना	गुढगा
30.	टांग	तंगडी
31.	एड़ी	टाच
32.	नाखून	नख
33.	दिमाग	डोके, मेंदू
34.	बदन	शरीर, देह, तनु
35	दाढ़ी	दाढी
36.	पांव	पाय
37.	बाह	बाहू, भुजा
38.	नितंब	नितंब

2. रिशतेदार (Relatives) नातलग

1.	बाप, पिता	वडिल, बाप, पिता
2.	माता, माँ	आई, माता
3.	नाना	आजोबा / आईचे वडील
4.	नानी	नानी / आईची आई
5.	दादा	आजोबा / वडीलांचे वडील
6.	दादी	आजी / वडीलांची आई
7.	मामी	मामी
8.	मामा	मामा
9.	मौसी	मावशी
10.	चाचा	काका
11.	बेटी	मुलगी
12.	पति	नवरा, पति
13.	पत्नी	बायको, पत्नि, भार्या
14.	दामाद	जावई

15.	भाई	भाऊ
16.	बड़ा भाई	मोठा भाऊ / दादा
17.	छोटा भाई	धाकटा भाऊ, लहान भाऊ
18.	बहन	बहिण
19.	बड़ी बहन	मोठी बहिण / ताई
20	छोटी बहन	धाकटी, लहान, छोटी बहिण
21.	साला	मेव्हणा
22.	ननद	नणंद
23.	पोता	नातू
24.	पोती	नात
25.	सास	सासू
26.	ससूर	सासरे
27.	बहू	सून
28.	भाभी	वहिनी
29.	जीजा	मेव्हणा
30.	बुआ	आत्या
31.	ताऊ	काका, मोठे काका
32.	ताई	काकू, मोठी काकू
33.	भान्जी	भाच्ची
34.	भान्जा	भाच्चा

खाने की चीजें (Edibles) खाण्याच्या वस्तू

1.	खीर	खीर
2.	शरबत	सरबत
3.	हलुवा	शिरा
4.	खोया	खवा
5.	जलेबी	जिलबी

6.	सेवई	शेवया
7.	गुलाब जामुन	गुलाब जाम
8.	गुझिया	करंजी
9.	तिलवा	लाडू
10.	मोतीचूर	मोतीचूर
11.	मीठी खिचड़ी	गोडाचा भात
12.	बर्फी	बरफी
13.	साबूदाने की खीर	साबूदाण्याची खीर
14.	मिसरी	खडीसाखर
15.	पकौड़ी	भजे
16.	सेव	शेव
17.	समोसा	समोसा
18.	खीला	अनारसे
19.	पूड़ी	पुरी
20.	रोटी	भाकरी
21.	चपाती	पोळी, चपाती
22.	छोंका भात	फोडणीचा भात
23.	चावल	तांदूळ, भात
24.	खिचड़ी	खिचडी
25.	दाल	डाळ, वरण
26.	साग	भाजी
27.	शोरबा	रस्सा
28.	चटनी	चटणी
29.	अचार	लोणचे
30.	पापड़	पापड
31.	दही	दही
32.	पुआ	पोहे

33.	चिउड़ा	चिवडा
34.	सुखी सब्जी	सुकी भाजी
35.	बरा	वरे
36.	मास	मांस

4. रोग (Diseases) आजार, रोग

1.	बीमारी	आजारपण
2.	रक्तचाप	रक्तदाब
3.	श्लीपफ	कफ
4.	कोढ़	कोड
5.	चेचक	देवी
6	खाज,खुजली	खाज, खरुज
7.	चक्कर आना	चक्कर येणे
8.	लू लगना	उन लागणे
9.	कब्ज	बध्द कोष्ठ
10.	गुमटा	फोड
11.	महामारी	प्लेग
12.	दमा	दमा
13.	सिर दर्द	डोकेदुखी
14.	हैजा	जुलाब
15.	अनिद्रा	अनिद्रा, निद्रानाश
16.	खांसी	खोकला
17.	ड़कार	ढेकर
18.	कमर दर्द	कंबरदुखी
19.	दाद	नायटा
20.	उल्टी	उलटी, वमन
21.	छाला, फोड़ा	चट्टा, पुटकुळी
22.	काली खाँसी	डांग्या खोकल

23.	बवासीर, अर्स	मुळव्याध
24.	जुकाम	सर्दी, पडसे
25.	दस्त लगना	जुलाब लागणे
26.	बुखार, ज्वर	ताप, ज्वर
27.	आंत्र ज्वर	आंत्रव्रण
28.	पेट दर्द	पोटदुखी
29.	कामला	कावीळ
30.	राजयक्ष्मा	क्षय, राजरोग
31.	घाव, जख्म	घाव, जखम
32.	चोट	मार
33.	गोबर	गोहरी
34.	गोतिबिंदू	मोतिया
35.	पक्षाघात, लकवा	पक्षघात, लकवा,अर्धांगवायू
36.	मस्सा	मसे
37.	पेचिश	मुरडा
38.	पागलपन	वेडेपणा, वेड लागणे

5. खेती संबन्धित सामग्री (Agriculture Things) शेती सम्बन्धी सामग्री

1.	जमीन	जमीन
2.	खेती	शेती
3.	बगीचा	बाग
4.	किसान	शेतकरी
5.	ढेर	ढिग, रास
6.	हल	नांगर
7.	काटना	कापणे, कापणी
8.	जुआ	जु, जोते
9.	खाद	खत
10.	धुरा	लगाम

11.	सुखना	वाळणे
12.	सुखीघास	कडबा, वाळलेले गवत
13.	रोशन	प्रकाशित
14.	मजदूर	मजूर

6. धातू (Ores) धातू

1.	सोना	सोने
2.	चाँदी	चांदी
3.	लोहा	लोखंड
4.	पीतल	पितळ
5.	तांबा	तांबे
6.	फौलाद	पोलाद
7.	शीशा	शिसे
8.	जस्ता	जस्त

7. खनिज (Minerals) खनिजे

1.	रत्न	रत्ने
2.	पन्ना	पाचू
3.	मोती	मोती
4.	गंधक	गंधक
5.	अभ्रक	अभ्रक
6.	कोयला	कोळसा

8. शासन (Administration) प्रशासन

1.	अर्जी	अर्ज
2.	आरक्षण	आरक्षण
3.	मंत्री	मंत्री
4.	जिलाधीश	जिल्हाधिकारी
5.	न्यायालय	न्यायालय
6.	अदालत	न्यायालय

7.	वकील	वकील
8.	अधिवक्ता	प्रवक्ता
9.	उच्च न्यायालय	वरिष्ठ / उच्च न्यायालय
10.	सरकारी वकील	सरकारी वकील
11.	उच्चतम न्यायालय	सर्वोच्च न्यायालय
12.	गुप्तचर	गुप्तहेर
13.	प्रधान सचिव	मुख्य सचिव
14.	सचिव	सचिव
15.	फरियाद	फिर्याद
16.	दरोगा	हवालदार
17.	तोपची	तोपची
18.	इलाका निरीक्षक	प्रांतिग निरीक्षक
19.	अंगरक्षक	अंगरक्षक
20.	टंकक	टंकलेखक
21.	प्रशिक्षक	प्रशिक्षक
22.	जनगणना	जनगणना
23	निर्देशक	निदेशक
24.	प्रबन्धक	प्रबंधक
25.	सदस्य	सदस्य
26.	राज्यपाल	राज्यपाल
27.	राष्ट्रपति	रार्ष्टपति
28.	राजदूत	राजदूत
29.	प्रौढ़ शिक्षा	प्रौढ शिक्षण
30.	निजी सचिव	स्वीय सचीव / सहायक
31.	विद्या	विद्या
32.	मंत्रिमंडल	मंत्रिमंडळ
33.	प्रशासक	प्रशास

9. पक्षी, कीड़े, मकोड़े और जानवर
(Birds, Insects and Animals)
पक्षी, किडे, मुंग्या आणि जनावरे

1.	शेर	सिंह
2.	चिड़ा	चिमणा
3.	ततिया	गांधीलमाशी
4.	मकड़ी	कोळी
5.	गोबरैला	शेणकीडा
6.	गरुड़	गरुड
7.	तितली	फुलपाखरु
8.	जुआँ	उवा
9.	मच्छर	डास, मच्छर
10.	चमगादड़	वटवाघूळ
11.	नीलकंठ	निलकंठ
12.	दीमक	वाळवी
13.	मुर्गी	कोंबडी
14.	मुर्गा	कोंबडा
15.	तीतर	तीतर
16.	शुतुरमुर्ग	शहामृग
17.	हंस	हंस
18.	भौंरा, भ्रमर	भवरा, भ्रमर
19.	जुगनू	काजवा
20.	बिच्छू	विंचू
21.	टिड्डी	टोळ
22.	झींगुर	रातकिडे
23.	मक्खी	माशी
24.	मधुमक्खी	मधमाशी

25.	रेशमी कीड़ा	रेशमाचा किडा
26.	पतंगा	पतंग
27.	घोंघा	शंखातील किडा
28.	चींटी	मुंगी
29.	खटमल	ढेकूण
30	चील	घार
31.	बाज	ससाणा, बाज
32.	उल्लू	घुबड
33.	बगुला	बगळा
34.	मैना	मैना
35.	रामचरैया	पाणकावळा
36.	कठफोड़वा	लाकूडतोड्या
37.	बतख	बदक
38.	तोता	पोपट
39.	हीरामन	रावा
40.	सुग्गा	राघू
41	पपीहा	पेरत्या
42.	गौरैया	सुगरण
43.	कबूतर	कबूतर
44.	कौआ	कावळा
45.	कोयल	कोकीळा
46.	बाघ	वाघ
47.	चीता, तेंदुआ	चित्ता, बिबळ्या
48.	गाय	गाय
49.	भैंस	म्हैस
50	बैल	बैल
51.	भेड़	मेंढी
52.	घोड़ा	घोडा
53.	ऊँट	ऊँट

54.	जिराफ	जिराफ
55.	भालू, रींछ	अस्वल
56.	बंदर	माकड
57.	बकरा	बकरा
58.	कुत्ता	कुत्रा
59.	सुअर	डुक्कर, वराह
60.	बिल्ली	मांजर
61.	सर्प, सांप	साप, सर्प
62.	छिपकली	पाल
63.	मगर	मगर
64.	हाथी	हत्ती
65.	भेड़ा	लांडगा
66.	जैब्रा	जिराफ
67.	खरगोश	ससा
68.	जानवर	जनावर
69.	हिरन	हरीण
70	गीदड़	गिधाड
71.	चूहा	उंदिर
72.	साही	साळेंदर
73.	नेवला	मुंगुस
74.	गिलहरी	खार
75.	लंगूर	माकड, मर्कट
76.	गिरगिट	सरडा

10. फूल (Flowers) फुलं

1.	केवड़ा	केवडा
2.	मल्लिका	जाई
3.	मोगरा	मोगरा

4.	जूही	जुई
5.	कनेर	कन्हेर
6.	चंपक	चाफा
7.	मंदार	मंदार
8.	गुलाब	गुलाब
9.	पारिजात	पारिजात, प्राजक्त

11. स्वाद (Tastes) चवी

1.	तीखा	तिखट
2.	नमकीन	खारा, खारे
3.	मीठा	गोड
4.	खट्टा / खट्टी	आंबट
5.	कसैला	चव
6.	स्वादहीन / फिका	बेचव, सपप
7.	कड़वा	कडू
8.	स्वादिष्ट	चविष्ट, चवदार, रुचकर

12. फल (Fruits) फळं

1.	अंगूर	द्राक्षं
2.	खजूर	खजूर
3.	पपीता	पपई
4.	आँवला	आवळा
5.	अनार	डाळिंब
6.	संतरा	संत्रं
7.	सेब	सफरचंद

8.	नारंगी	नारंगी
9.	नीम्बू	लींबू
10.	नाशपाती	नासपाती
11.	जामून	जांभळ
12.	कटहल	फणस
13.	अन्नानास	अननस
14.	आम	आंबा
15.	केला	केळ, केळी

13. खेलकूद   (Games) खेळ

1.	गुड़िया	बाहूली
2.	कुश्ती	कुस्ती
3.	दौड़	पळणे
4.	शतरंज	बुध्दिबळ
5.	जुआ	जुगार
6.	खेल	खेळ
7.	ताश	पत्ते
8.	गिल्ली डंडा	विटी–दांडू
9.	कबड्डी	हूतूतू
10.	कूदना	उडी मारणे
11.	गेंद	चेंडू
12.	बल्ला	चेंडूफळी, बॅट
13.	घुंसा	ठोसा
14.	पतंगबाजी	पतंग लढवणे
15.	आँखमिचौली	लपंडाव
16.	कसरत	व्यायाम
17.	खिलाड़ी	खेळाडू

14. मन के भाव (Feelings) मनाचे भाव (भावना)

1.	आशा	आशा
2.	निराशा	निराशा
3.	हिम्मत	हिंमत
4.	संतोष	समाधान
5.	खुशी	आनंद
6.	दुःख	दुःख
7.	सुख	सुख
8.	हँसी	हास्य, हसू
9.	दया, करुणा	दया, करुणा
10.	इर्ष्या	ईर्षा, असुया
11.	गुस्सा	राग
12.	रोना	रडणं
13.	मित्रता	मैत्रि
14.	उदास	उदास
15.	साहस	साहस
16.	चुपचाप	चुपचाप, मुकाट्याने
17.	धोखा	धोका
18.	कोमलता	कोमलता, मृदुता
19.	डर	भीती
20.	संदेह	शंका, संदेह

15. दिशाएँ (Sides) दिशा

1.	पूरब	पुर्व
2.	पश्चिम	पश्चिम
3.	उत्तर	उत्तर
4.	दक्षिण	दक्षिण
5.	ओर	कडे

6.	पीछे	मागे
7.	भीतर	आत
8.	मध्य	मध्य, मध्ये
9.	बाहर	बाहेर
10.	सामने	समोर
11.	नीचे	खाली
12.	दायाँ	उजवा
13.	बाँया	डावा
14.	तरफ	बाजुला, दिशेने

16. समय (Time) वेळ

1.	सेकण्ड़	सेकन्द
2.	मिनिट	मिनिट
3.	घंटा	तास
4.	सुबह	सकाळी
5.	सबेरा	सकाळ
6.	दोपहर	दूपार
7.	शाम	संध्याकाळ, सांज
8.	दिन	दिवस
9.	रात	रात्र

17. तरकारियाँ (Vegetables) भाज्या

1.	बैंगन	वांगी
2.	आलू	बटाटे
3.	अरबी	अरवी
4.	खीरा, ककड़ी	काकडी

5.	जमीकंद	सुरण
6.	पत्ता गोभी	पत्ता कोबी
7.	टमाटर	टमाटे
8.	फूल गोभी	फूल गोबी
9.	पेठा	भोपळा
10.	तुरई	तुरई
11.	लौकी	दुधी भोपळा
12.	करेला	कारली
13.	शकरकन्द	रताळी

18. पूर्णार्थक संख्याऐं ––पुर्णार्थक संख्या

हिंदी में जैसे प्रथम, द्वितीय ऐसे शब्द आते है, उसी तरह मराठी में भी आते है। मराठी में संख्या के अनुरुप आखिरी शब्द बदलता है।

हिन्दी	मराठी	हिन्दी	मराठी
अव्वल	पहिला	पहला,प्रथम	पहलि, प्रथम
दूसरा	दुसरा	तीसरा	तीसरा
चौथा	चौथा	पाँचवाँ	पाचवा
छटवाँ	सहावा	सातवाँ	सातवा
आठवाँ	आठवा	नौवाँ	नवव
दसवाँ	दहावा	दोनों	दोघे
तीनों	तीघे	चारों	चारी
पाँचों	पाचवा	छओ	सहाही
सातों	साती	आठों	आठी
नौवों	नऊ	दसों	दहाही

19. द्रव्य विभाग (Money Division) रक्कम

पच्चीस पैसे	0.25	पंचविस पैसे
पचास पैसे	0.50	पन्नास पैसे
पचहत्तर पैसे	0.75	पंच्याहत्तर पैसे
एक रुपये	1.00	एक रुपया
सवा रुपया	1.25	सव्वा रुपया
डेढ़ रुपया	1.50	दिड रुपया
पौने दो रुपये	1.75	पावणे दोन रुपये
दो रुपये	2.00	दोन रुपये
ढ़ाई रुपये	2.50	अडिच रुपये
पौने तीन रुपये	2.75	पावणे तीन रुपये
सौ रुपये	100.00	शंभर रुपये
सवा सौ रुपये	125.00	सव्वाशे रुपये
डेढ़ सौ रुपये	150.00	दिडशे रुपये
पौने दो सौ रुपये	175.00	पावणे दोनशे रुपये
हजार रुपये	1000.00	हजार रुपये
लाख रुपये	1,00,000.00	लाख रुपये
दस लाख रुपये	10,00,000.00	दहा लाख रुपये
करोड़ रुपये	1,00,00,000.00	करोड रुपये
दस करोड़ रुपये	10,00,00,000.00	दहा करोड रुपये

20. भिन्नाए (Fractions) अपुर्ण रकमा / अपुर्णांक

सवा	1/4	पाव / सव्वा
आधा	1/2	अर्धा
पौना	3/4	पाऊण
सवा	1 1/4	सव्वा

डेढ़	1 1/2	दिड
पौने दो	1 3/4	पावणे दोन
सवा दो	2 1/4	सव्वा दोन
ढ़ाई	2 1/2	अडिच
पौने तीन	2 3/4	पावणे तीन
सवा तीन	3 1/4	सव्वा तीन
साढ़े तीन	3 1/2	साडे तीन
पौने चार	3 3/4	पावणे चार
सवा चार	4 1/4	सव्वा चार
साढ़े चार	4 1/2	साडे चार
पौने पँाच	4 3/4	पावणे पाच
सवा पँाच	5 1/4	सव्वा पाच
साढ़े पँाच	5 1/2	साडे पाच
पौने छः	5 3/4	पावणे सहा

21. गिनती (Numbers) संख्या

एक	1	एक
दो	2	दोन
तीन	3	तीन
चार	4	चार
पँाच	5	पाच
छः	6	सहा
सात	7	सात
आठ	8	आठ
नौ	9	नऊ
दस	10	दहा

ग्यारह	11	अकरा
बारह	12	बारा
तेरह	13	तेरा
चौदह	14	चौदा
पंद्रह	15	पंधरा
सोलह	16	सोळा
सत्रह	17	सतरा, सत्रा
अठारह	18	अठरा
उन्नीस	19	एकोणीस
बीस	20	वीस
ईक्कीस	21	एकवीस
बाईस	22	बावीस
तेईस	23	तेवीस
चौबीस	24	चोवीस
पच्चीस	25	पंचवीस
छब्बीस	26	सव्वीस
सत्ताईस	27	सत्तावीस
अट्ठाईस	28	अठ्ठावीस
उनतीस	29	एकोणतीस
तीस	30	तीस
इकतीस	31	एकतीस
बत्तीस	32	बत्तीस
तैन्तीस	33	तेहतीस
चौन्तीस	34	चौतीस
पैन्तीस	35	पस्तीस
छत्तीस	36	छत्तीस
सैन्तीस	37	सदोतीस

अड़तीस	38	अडोतीस
उनचालीस	39	एकोणचाळीस
चालीस	40	चाळीस
इकतालीस	41	एकेचाळीस
बयालीस	42	बेचाळीस
तैन्तालीस	43	त्रेचाळीस
चौन्तालीस	44	चव्वेचाळीस
पैन्तालीस	45	पंचेचाळीस
छियालीस	46	शेहेचाळीस
सैन्तालीस	47	सत्तेचाळीस
अड़तालीस	48	अट्ठेचाळीस
उनचास	49	एकोणपन्नास
पचास	50	पन्नास
इक्यावन	51	एक्कावन
बावन	52	बावन
तिरपन	53	त्रेपन
चौवन	54	चोपन
पचपन	55	पंचावन
छप्पन	56	छप्पन
सत्तावन	57	सत्तावन
अट्ठावन	58	अट्ठावन
उनसठ	59	एकोणसाठ
साठ	60	साठ
इकसठ	61	एकसष्ट
बासठ	62	बासष्ट
तिरसठ	63	त्रेसष्ट
चौंसठ	64	चौसष्ट
पैंसठ	65	पासष्ट

छियासठ	66	सहासष्ट
सड़सठ	67	सदुसष्ट
अड़सठ	68	अडुसष्ट
उनहत्तर	69	एकोणसत्तर
सत्तर	70	सत्तर
इकहत्तर	71	एकाहत्तर
बहत्तर	72	बहात्तर
तिहत्तर	73	त्र्याहत्तर
चौहत्तर	74	चौर्‍याहत्तर
पचहत्तर	75	पंच्याहत्तर
छिहत्तर	76	शहात्तर
सतहत्तर	77	सत्त्याहत्तर
अठहत्तर	78	अठ्ठ्याहत्तर
उन्यासी	79	एकोणऐंशी
अस्सी	80	ऐंशी
इक्यासी	81	एक्याशी
बयासी	82	ब्यांशी
तिरासी	83	त्र्यांशी
चौरासी	84	चौर्‍यांशी
पचासी	85	पंच्यांशी
छियासी	86	शह्यांशी
सत्तासी	87	सत्यांशी
अट्ठासी	88	अठ्ठ्यांशी
नवासी	89	एकोणनव्वद
नब्बे	90	नव्वद
इक्कानबे	91	एक्याण्णव
बयानबे	92	ब्याण्णव
तिरानबे	93	त्र्याण्णव

चौरानबे	94	चौऱ्याण्णव
पंचानबे	95	पंच्याण्णव
छियानबे	96	शहाण्णव
सत्तानबे	97	सत्याण्णव
अट्ठानबे	98	अठ्ठ्यण्णव
निन्यानबे	99	नव्व्याण्णव
सौ	100	शंभर
हजार	1000	हजार
दस हजार	10,000	दहा हजार
लाख	1,00,000	लाख
दस लाख	10,00,000	दहा लाख
करोड़	1,00,00,000	करोड/कोटी

भाग - 3

PART- 3

भाग - 3

प्रश्नवाचक संभाषण (Question Tag Conversations) प्रश्नार्थी संभाषण

किसी भी भाषा को आत्मसात करने के लिये उस भाषा में प्रशन कैसे करते हैं। यह समझ लेना चाहिये. क्योंकि सुबह उठते ही हमारा जीवन प्रश्नों के साथ ही शुरु होता है। सुबह उठने के पश्चात कितने बजे हैं ऐसे प्रश्न के साथ दिन का आरंभ होता है। इसलिये हम यहाँ मराठी भाषा के कुछ प्रश्नार्थ शब्द समझाने वाले हैं। इन्हें ठीक से देखें और जान लें। इन्हे जान कर हम बातचीत का पहला पड़ाव पार कर सकते हैं।

क्या ?	काय
कैसा ?	कसे
कहाँ ?	कुठे
कितना ?	किती
क्यों ?	का
कब ?	कधी / केव्हा
कौन ?	कोण
कौनसा ?	कोणता
जबही ?	तेव्हाच
किसको ?	कोणाला
किनके ?	कोणाशी
किसकी ?	कोणाची

अब हम जानेंगे की छोटी–छोटी आज्ञाएँ कैसे दी जाती है।

छोटी–छोटी बातें (Small Words)लहान लहान गोष्टी / शब्द

1.	खामोश	गप्प / शांत
2.	चुप रहिए	चूप / गप्प बसा

3.	सुनो	ऐका
4.	समझ लो	समजुन घ्या
5.	यहीं इन्तजार करो	इथेच वाट पहा
6.	भूलना मत	विसरू नका / नको
7.	इधर आइए	इकडे या
8.	बाहर जाइए	बाहेर जा
9.	आगे देखो	पुढे पहा
10.	पीछे मत देखो	मागे पाहू नका
11.	बाजू में क्या हैं?	शेजारी काय आहे?
12.	जल्दी आइए	लवकर या
13.	नीचे उतरिये	खाली उतरा
14.	ऊपर चढ़िये	वर चढा
15.	मुझे देखने दो	मला पाहू द्या
16.	बैठिये	बसा
17.	खड़े रहिये	ऊभे रहा
18.	यह क्या है?	हे काय आहे?
19.	चाय पिओ	चहा प्या
20.	मूँह धोइये	तोंड धूवा
21.	उसको बुलाओ	त्याला बोलव / बोलवा
22.	यह हटाओ	हे दूर न्या / बाजूला करा
23.	इसको हटाओ	याला दूर न्या / बाजूला करा

24.	मुझे छोड़ दो	मला सोडून द्या
25.	बोलना मत	बोलू/सांगू नका
26.	मुझे बताओ	मला सांगा/कळवा
27.	मुझे नहीं चाहिए	मला नकोय
28.	तुमको पानी चाहिए	तुम्हाला पाणी हवे?
29.	उनको दूध चाहिए	त्यांना दूध हवे
30.	सताना बंद करो	त्रास द्यायचे थांबवा

क्या (What) काय

1.	क्या बात है ?	काय गोष्ट आहे?
2.	यह क्या है?	हे काय आहे?
3.	उसका नाम क्या है ?	त्याचे नाव काय आहे?
4.	इसका मतलब क्या है?	याचा अर्थ काय आहे?
5.	आपको क्या चाहिए?	तुम्हाला काय हवे?
6.	अब समय क्या है?	आता किती वाजले?
7.	इस समय तुम क्या करते हो?	या वेळी तुम्ही काय करता/करीत असता?
8.	वह क्या है?	ते काय आहे?
9.	आप ने उन से क्या कहा?	तुम्ही त्यांना काय सांगितले?
10.	तुम क्या खरीदना चाहते हो?	तुम्हाला काय खरेदी करायची आहे?
11.	मैं क्या करुँ?	मी काय करु?
12.	तुम क्या करते हो?	तुम्ही काय करता?
13.	आप मुझे क्या देते हो?	तुम्ही मला काय द्याल?

14.	आप क्या चाहते हो?	तुम्हाला काय हवय?
15.	आप क्या सोचते हो?	तुम्हाला काय वाटते?

कौन? (Who) कोण?

1.आप कौन हैं?	आपण कोण आहात?
2.तुम कौन हो?	तुम्ही कोण आहात?
3.मैं कौन हूँ?	मी कोण आहे?
4.आपको कौन चाहिये?	आपणास कोण हवे?
5.उनको कौन चाहिये?	त्यांना कोण हवे?
6.वह कौन है?	तो कोण आहे?
7. इस घर में कौन–कौन रहते हैं?	या घरात कोण कोण राहतात?
8. वह मोटा लड़का कौन हैं?	तो लठ्ठ मुलगा कोण आहे?
9. इस जमीन का मालिक कौन हैं?	या जमीनीचा मालक कोण आहे?
10.आपके परिवार में बड़ा व्यक्ति कौन हैं?	तुमच्या कुटंबात मोठी व्यक्ती कोण आहे?
11.यह प्रश्न पूछने वाले आप कौन हैं?	हा प्रश्न विचारणारे तुम्ही कोण आहात?
12.इस गली में तुम्हारा दोस्त कौन हैं?	या गल्लीत तुमचा मित्र कोण आहे?
13.उधर तुमसे कौन बातें कर रहा हैं?	तिकडे तुमच्याशी कोण बोलत आहे?
14.आज की सभा मे कौन–कौन बात करने वाले हैं?	आजच्या सभेत कोण कोण बोलणार आहे?
15.तुम्हारी बहन कौन हैं?	तुमची बहिण कोण आहे?
16.मुझ से बात करने वाले तुम कौन हो?	माझ्याशी बोलणारे तुम्ही कोण आहात?
17.ये किस के बच्चे है?	ही कोणाची मुलं आहेत?

119

18.ये गुड़िया किसकी है?	ही भावली कोणाची आहे?
19.यह किताबें किसकी है?	ही पुस्तकं कोणाची आहेत?
20.वह तुम्हारा क्या लगता है?	तो तुमचा कोण लागतो?

क्यों? (Why) का?

1. तुम मेरे घर क्यों आये हो?	तुम्ही माझ्या घरी का आला आहात?
2. क्यों नहीं आऊँ बोलो?	का येऊ नये सांगा?
3. तुम नाराज क्यों होते हो?	तुम्ही नाराज का होता?
4. तुमने हिन्दी क्यों सीख लिया?	तुम्ही हिन्दी का शिकलात?
5. तुमने क्यों नहीं सीखा बोलो?	तुम्ही का नाही शिकलात ते सांगा?
6. आप वहाँ क्यों गये?	तुम्ही तिकडे का गेलात?
7. आज आप क्यों नहीं आये?	आज आपण का नाही आलात?
8. तुम हर दिन दफ्तर क्यों जाते हो?	तुम्ही दररोज ऑफिसला का जाता?
9. वह औरत जोर से क्यों बात कर रही है ?	ती बाई जोर जोरात का बोलत आहे?
10.तुम क्यों नहीं खेले?	तुम्ही का नाही खेळलात?
11.तुमने इतनी देर क्यों लगा दी?	तुम्ही इतका उशिर का केला?
12.तुमने उनसे क्यों नहीं कहा?	तुम्ही त्यांना का सांगितले नाही?
13.तुम उनसे क्यों मिले?	तुम्ही त्यांना का भेटलात?
14.मै आपको क्यों जवाब दूँ?	मी तुम्हाला उत्तर का द्यावे?
15.वह क्यों हँसा?	तो का हसला?
16.वह हमसे बात क्यों करता है?	तो आमच्याशी का बोलत आहे?

17.उसने वह नौकरी क्यों छोड़ दी?	त्याने ती नोकरी का सोडली?
18.तुम क्यों भागते हो?	तुम्ही का पळत आहात?
19.मैं भागूँ तो तुम्हें क्या फरक पडता है?	मी पळालो तर तुम्हाला काय फरक पडतो?
20.तुम सीधा जवाब क्यों नहीं देते हो?	तुम्ही सरळ उत्तर का देत नाही?

कहाँ/किधर (Where) कोठे

1.आप कहाँ रहते हो?	आपण कोठे राहता?
2.हम कहाँ रहते हो?	आपण कोठे राहतो?
3.वे कहाँ रहते है?	ते कोठे राहतात?
4.तुम्हारी पाठशाला कहाँ हैं?	तुमची शाला कोठे आहे?
5.मुझे कहाँ जाना है?	मला कोठे जावे लागेल?
6.तुम्हे कहाँ जाना है?	तुम्हाला कोठे जायचे आहे?
7.आप कहाँ जा रहे हो?	तुम्ही कोठे जात आहात?
8.आपकी गाड़ी को कहाँ ठहराना है?	तुमच्या गाडीला कोठे थांबवायचे आहे?
9.तुम कहाँ काम करते हो?	तुम्ही कोठे काम करता?
10.तुम कहाँ काम कर रहे हो?	तुम्ही कोठे काम करीत असता?
11.तुम कहाँ से देखते हो?	तुम्ही कोठून पाहता?
12.हम किधर मिलेंगें?	आपण कोठे भेटू?
13.उनको कहाँ मिलते हो?	त्यांना कोठे भेटता?
14.तुम्हारे पास इतने रुपये कहाँ से आये?	तुमच्यापाशी इतके रुपये कोठून आले?
15.आपका घर कहाँ हैं?	तुमचे घर कोठे आहे?

कैसे (How) कसे

1.आप कैसे जाते हो?	आपण कसे जाता?
2.तुम कैसे जाते हो?	तुम्ही कसे जाता?
3.मैं कैसे जाऊँ?	मी कसा/कशी जाऊ?
4.उन लोगों को कैसे जानता है?	त्यांनी कसे जावे?
5.इन लोगों ने कैसे जीता है?	या लोकांनी कसे जगावे?
6.मुझे कैसे पता चलता?	मला कसे माहित होणार?
7.तुमको कैसे पता चला?	तुम्हाला कसे कळाले?
8.मैं तुम्हे कैसे दूँ?	मी तुम्हाला कसे द्यावे?
9.मैंने तुमको कैसे दिया?	मत तुम्हाला कसे दिले?
10.वे लोग कैसे देंगे?	ते लोक कसे देतील?
11.इसकी पढ़ाई कैसे चल रही है?	याचे शिक्षण कसे चालले आहे?
12.उनके गाँव कैसे जाऊँ?	त्यांच्या गावी कसे जावे?
13.शादी कैसी हुई?	लग्न कसे झाले?
14.तुम कैसे हो?	तुम्ही कसे आहात ?
15.व्यापार/धंधा कैसा चल रहा हैं?	कामधंदा कसा चालला आहे?
16.गायों को कैसे चरा रहे हो?	गाईंना कसे चारत आहात?
17.भैंस कैसे चर रही हैं?	म्हैस कशी चरत आहे?
18.आप कैसे निगलते हो?	तुम्ही कसे गिळता?
19.चाय कैसे बनाती है?	चहा कसा बनवला जातो?

20.सब्जियाँ कैसे खरीदते हैं?	भाज्या कशा खरेदी कराव्यात?
21.रसोइया कैसा रहता है?	स्वयंपाकी कसा असतो?

कब (When) केव्हा / कधी

1.तुम कब उठते हो?	तुम्ही केव्हा उठता?
2.मुझे कब उठना चाहिए?	मी केव्हा उठायला हवे?
3.कब उठने से अच्छा होगा?	केव्हा उठलेले चांगले?
4.कब जानने से अच्छा होगा?	केव्हा गेलेले चांगले?
5.तुम कब आओगे?	तुम्ही केव्हा याल?
6 आप कब आयेंगें?	आपण केव्हा याल?
7.मैं कब आऊँगा?	मी कधी येणार?
8.आपके बेटी की शादी कब हैं?	आपल्या मुलीचे लग्न कधी आहे?
9.मैं अपने घर कब जाऊँगा?	मी माझ्या घरी कधी जाईन?
10.मैं यह काम कब शुरू कर सकता हूँ?	मी हे काम केव्हा सुरु करु शकतो?
11.आप कार्यालक / दफ्तर कब जायेंगे?	तुम्ही कार्यालयात / ऑफिसला केव्हा जाल?
12.हम कब जायेंगे?	आपण केव्हा जाऊत?
13.हम कब शादी करेंगे?	आपण केव्हा लग्न करु?
14.हम कब खाना खायेंगे?	आपण केव्हा जेवू?
15.हम वहाँ / उधर कब पहूँचेंगे?	आपण तिथे कधी पोहोचू?
16.उसने कब किया?	त्याने कधी केले?
17.वह कब होगा?	ते कधी / केव्हा होईल?

| 18.छुट्टी किस दिन है? | सुट्टीचा दिवस कधी आहे? |
| 19.आपकी शादी कब है? | तुमचे लग्न कधी आहे? |

कितना (How many?/How much?) कीती

1.एक रुपये में कितने पैसे होते है?	एका रुपयात किती पैसे असतात?
2.एक करोड़ में कितने शून्य रहते हैं?	एका कोटीत किती शून्य असतात?
3.आपकी उम्र कितनी है?	आपले वय किती आहे?
4.तुम सवेरे कितनी इड़ली खा सकते हो?	तुम्ही सकाळी किती इडल्या खाऊ शकता?

5.आप प्रतिदिन कितने बजे दफ्तर / कार्यालय जाते हो?
  तुम्ही दररोज किती वाजता कार्यालयात / ऑफिसला जाता?

6.तुम प्रतिदिन कितना काम करते हो?	तुम्ही दररोज किती काम करता?
7.तुम्हें कितना चाहिये?	तुम्हाला किती हवेत?
8.इन्द्रधनुष में कितने रंग होते है?	इंद्रधनुष्यात किती रंग असतात?
9.तुम प्रतिदिन कितनी बार खाते हो?	तुम्ही रोज कितीदा जेवता?
10.यह सब्जियाँ कितने दाम में देते हो?	या भाज्या किती भावाने देता?

इस के पहले हम ने जाना की कब, कितना, क्यों ऐसे प्रश्नार्थक शब्दों (Question tag words)का प्रयोग कर के कैसे प्रश्न किया जाता है। अब इसी तरह के कुछ आज्ञासूचक वाक्य के बारे में जानकारी प्राप्त करेंगे।

1.तुम क्या समझते हो?	तुम्ही काय समजता?
2.इसको उधर / वहाँ रखो ।	हे तिकडे / तिथे ठेवा
3.फौरन आओ	ताबडतोब या
4.आपको क्या मालूम?	तुम्हाला काय माहित?
5.धीरे जाओ	हळू जा

6.जल्दी जाओ	लवकर जा
7.इसे सम्भालिये	याला संभाळा
8.चुपचाप रहो	गप्प रहा
9.यहाँ / इधर आओ	इथे / इकडे या
10.खामोश	चुप
11.यहाँ / इधर देखो	इथे / इकडे पहा
12.देखो	देखो
13.हटो / हटिए	सरक / सरका
14.हटाइए	सरकवा
15.कोशिश करो	प्रयत्न करा
16.तैयार रहिए	तयार रहा
17.यह खाओ	हे खा
18.उसे छोड़ो	तै / त्याला जाऊ द्या / सोडा
19.इसको छोड़ दो	याला सोडून द्या
20.धीरे धीरे चलिए	हळूहळू चला
21.तुम यहाँ रुको	तुम्ही इथे थांबा
22.सोच कर बोलो	विचार करुन बोला
23.देख कर चलो	पाहून चाला
24.भूलना मत / मत भूलो	विसरू नका / नका विसरू
25.बोलना मत / मत बोलो	बोलू नका / नका बोलू

26.मत बताना	सांगु नका
27.उसे तंग मत करो	त्याला त्रास देऊ नका/नको
28.असली बात बोलो	मुळ मुद्याचे बोला
29.देर से मत जाना	उशिराने जाऊ नका
30.मुझे परेशान मत करो	मला त्रास देऊ नका
31.मुझे जाने दो	मला जाऊ द्या
32.वापस जाइए	परत जा
33.पढ़ो लिखो आगे बढ़ो	शिका, वाचा, पुढे जा
34.आप कुछ समझ लीजिये	तुम्ही काही समजून घ्या
35.तुम मुझे समझाओ	तुम्ही मला समजवा

गुस्से में/नाराजी से बात करना — रागाने बोलणे

1.तुम्हें अक्ल नही हैं।	तुला/तुम्हाला डोकं नाही
2.तुम मेरी बात सुनो।	तुम्ही माझं म्हणणं एक
3.सीधी बात करो ।	सरळ बोला
4.फिजूल की बातें मत करो।	निरर्थक बोलू नका
5.नाराज न हो।	नाराज होऊ नका
6.आवेश में मत आओ।	आवेषात येऊ नका
7.मैं क्या करुँ?	मी काय करु?
8.मेरी नजर से दूर हो जाओ ।	माज्या नजरे समोरुन दूर व्हा
9.वह बेकार है ।	ते निकामी आहे
10.मैं तुमको कभी भी माफ नहीं करुँगा ।	मी तुम्हाला कधीच माफ करणार नाही

11.घूर कर देखना अच्छी बात नहीं है ।	डोळे वटारुन पाहणे बरे नाही
12.वह बकवास करती हैं ।	ती निरर्थक बोलत आहे
13.उससे मेरी बात–चीत बन्द हैं।	त्याच्याशी माझे बोलणे बंद आहे
14.फिजूल का झगड़ा मत करो।	उगाच भांडण करु नका
15.तुम पर विशवास/यकीन नहीं है।	तुमच्यावर भरवसा/विश्वास नाही
16.गलती किसकी है?	चुक कोणाची आहे?
17.गलती किसी की भी नहीं है ।	चूक कोणाचीही नाही
18.सही बात करो	नीट/सरळ बोला
19.सीधा खड़े रहो।	सरळ उभे रहा
20.आप मुझसे बात मत कीजिए।	तुम्ही माझ्याशी बोलू नका
21.वह बहुत सुस्त है ।	तो फार मंद/सुस्त आहे
22.मुझे शौक नही है।	मला हौस /आवड नाही
23.तुमने जो वादा किया उसे भूल गये?	तुम्ही जे कबूल केले होते ते विसरलात का?
24.कैसे आदमी हो तुम?	काय माणूस आहात हो तुम्ही?
25.मुझ से बचकर नहीं जा सकते।	माझ्यापासून तुम्ही वाचू शकत नाही
26.वे लोग अचानक झगड़ा करने लगे।	ते लोक अचानक भांडू लागले.
27.परेशान मत करो	त्रास देऊ नको/नका
28.घबराओ मत	घाबरू नका
29.तुम जान बुझकर परेशान कर रहे हो।	तम्ही हे मुद्दाम/जाणून बुजून करीत आहात
30.यह सब तुम्हारी वजह से है।	हे सगळे तुमच्यामुळे आहे.

हमने प्रश्नवाचक, आज्ञा सूचक और गुस्से में बोलने के वाक्य देखे। अब कुछ साधारण वाक्यों का अभ्यास करेंगे।

31	अंदर आइए	आत या
32	बैठिए	बसा
33	आपका नाम क्या है?	तुमचे नाव काय आहे?
34	मेरा नाम गौरीनाथ है।	माझे नाव गौरीनाथ.
35	आपका नाम बहूत अच्छा है।	तुमचे नाव खूप चांगले आहे.
36	शुक्रिया।	आभार
37	आप कहाँ रहते हैं?	तुम्ही कोठे राहता?
38	हम मौलालीत में रहते हैं।	आम्ही मौलालीत राहतो.
39	आप क्या काम करते हैं ?	आपण काय काम करता?
40	मैं कुम्हार हूँ।	मी कुंभार आहे.
41	आपकी उम्र क्या है?	तुमचे वय काय आहे?
42	आप क्या खाते हैं ?	तुम्ही काय काता?
43	मैं कुछ भी नहीं खाता हूँ।	मी काहीच खात नाही.
44	पानी पीता हूँ।	पाणी पीतो.
45	खाना लाओ।	जेवण आणा.
46	मैंने अभी चाय पी है।	मी आत्ताच चहा घेतला आहे.
47	कोई बात नहीं।	हरकत नाही.
48	बेफिक्र	बेफिकीर
49	बाद में देख लेंगे।	नंतर पाहून घेऊ.

50	खाना खायेगें।	जेवण घेऊ.
51	आपको क्या चाहिए?	तुम्हाला काय हवे?
52	दोनों।	दोन्ही.
53	आप वहाँ जाइए।	तुम्ही तिथे जा.
54	आप ने क्या कहा?	तुम्ही काय म्हणालात?
55	मैंने कुछ भी नहीं कहा।	मी काहीच म्हणालो नाही.
56	आप क्या करते हैं?	आपण काय करता?
57	मैं कुछ भी नहीं करता हूँ।	मी काहीच करीत नाही
58	आपका जीवन अच्छा है।	तुमचे जीवन चांगले आहे.
59	रहने दो।	राहू द्या.
60	रहने नहीं देता।	राहू देत नाही.
61	मैं छोड़ता हूँ।	मी सोडून देतो.
62	मैं नहीं छोड़ देता।	मी दोडून देत नाही.
63	मुझे भूख लग रही हैं।	मला भुक लागत आहे.
64	कितनी भूख है?	किती भुक आहे?
65	थोड़ी सी/ जरा सी।	थोडीशी किंचित.

भाग - 4
PART - 4
भाग - 4

साधारण संभाषण
Conversation
सामान्य संभाषण

औरों के साथ संवाद बनाये रखने के लिये हम सामान्य भाषा का उपयोग करते हैं। औरों के साथ मिलने–जुलने के लिये हमारि रीतिरिवाज और व्यवहार शैली अच्छी होनी चाहिये। इस के लिये यह जरुरी है कि हम औरों का आदर करे। (Give respect and take respect) तभी हमें उनसे भी आदर मिल सकता है। इस वजह से हम यहाँ मराठी में अभिवादन के वाक्य सिखेंगे।

1.अभिवादन	1. अभिवादन
अभिवंदन	अभिवादन
नमस्ते / नमस्कार	नमस्ते / नमस्कार
शुभदिन	शुभ दिन / शुभदिवस
शुभ प्रभात	शुभ सकाळ
कैसे हैं?	कसे आहात?
मैं कुशल हूँ।	मी चांगला आहे.
मैं खैरियत से हूँ।	मी मजेत / बरा आहे.
आपसे मिलकर खुशी हुई।	आपल्याला भेटून आनंद झाला.
मैं खुश हूँ।	मी खुश आहे.
हमें मिले काफी समय हो गया।	आपल्याला भेटून बराच काळ झाला.
हम बहुत देर के बाद मिले।	आपण खूप दिवसांनी भेटलो.

तुमसे / आपसे अचानक मिलकर मुझे बड़ी प्रसन्नता हुई। तुम्हाला अचानक भेटून मला खूप आनंद झाला.

इस प्रकार हम अपना संभाषण "नमस्कार" के साथ शुरु करते हुए सभ्यता के साथ अगला कदम उठाते हैं।

2. शिष्टाचार (Courtesy and Tradition)सभ्यता (शिष्टाचार)

1.साहब, आइये, अन्दर आइये।

1.या, या साहेब, आत या

2.बैठिये साहब, बैठिये, थोड़े आराम से बैठिये।

2.बसा, साहेब, बसा, थोडे आरामात बसा

3.बेटा, इधर / यहाँ आओ, एक ग्लास पानी लाओ।

3.बाळा, इकडे ये, एक ग्लास पाणी आण.

4.कृपया कष्ट ना करें।

4.कृपया तसदी घेऊ नका.

5.इसमें कोई कष्ट नहीं है साहब।

5.यात काहीच तसदी नाही साहेब.

6.हम आपकी क्या मदद कर सकते हैं?

6.आम्ही आपली काय मदत करु शकतो?

7.मुझे कुछ भी नहीं चाहिये।

7.मला काहीच नकोय.

8.ठीक है, कृपया और थोड़ी देर रुकिये।

8.ठीक आहे. कृपया आणखीन थोडा वेळ थांबा.

9.माफ करना साहब, मैं तो बस एक बार आपसे मिलने के लिये आया था।
9.माफ करा साहेब, मी तर फक्त एकदा आपल्याला भेटायला आलो होतो.

10.आपकि इजाजत हो तो फिर मिलूंगा। ठीक है ना?
10.आपली परवानगी असेल तर पुन्हा भेटेन. चालेल ना?

11. हाँ, जरुर।

11. हो अवश्य।

3. मोची (Cobbler) चांभार

मेरे चप्पल का फीटा टूट गया हैं।	माझ्या चपलेचा पट्टा तुटला आहे.
यह निकाल कर दुसरा लगा देंगे?	हा काढून दुसरा लावून द्याल?
जरुर साहब।	हो, साहेब,
क्या लोगे?	काय घ्याल?
दस रुपये लगेंगे साहब।	दहा रुपये होतील साहेब.

इस चप्पल में कील है, वह निकाल कर सिलाई कर देंगे क्या?
या चपलेत खिळा आहे, तो काढून शिवून द्याल का?

किस से सीना है साहब? चमड़े से या रेग्जिन से?
कशाने शिवायचे आहे साहेब? कातड्याने की रेग्झिनने?

चमडे से सीना। सिलाई पक्की होनि चाहिये।समझ में आया?
कातड्याने शिवा. काम पक्के व्हायला हवे. लक्षात आले ना?

यह चप्पल अच्छी नहीं दिख रही है इसे पॉलिश करो।
या चपला चांगल्या दिसत नाहीत. त्यांना पॉलिश करा.

अब मैं इसे ऐसी पोलिश करता हूँ, फिर यह कैसी चमकती हैं आप ही देख लेना।
आता मी यांना अशी चांगली पॉलिस करतो की कशा चमकतात तुम्हीच पहा.

तुम सिर्फ पुराने चप्पलों की ही मरम्मत करते हो क्या?
तू फक्त जुन्या चपलांची दुरुस्तीच करतोस का?

ऐसा कुछ नहीं, साहब, नया चप्पल भी बनाता हूँ।
तसंच काही नाही साहेब, नविन चपला पण बनवतो.

4. बैंक में (In the Bank) बँकेत

क्षमा करिए साहब। | क्षमा करा साहेब.

मैं इस बैंक में बचत खाता खोलना चाहता हूँ। | मला या बँकेत बचत खाते उघडायचे आहे.

ठीक है जी! | ठिक आहे.

मैं आपको एक आवेदन पत्र देता हूँ। | मी तुम्हाला एक अर्जाचा नमुना देतो.

इसे कैसे भरना है साहब? | मी ते कसे भरावे साहेब?

पहले अच्छे से पढ़ लीजिए, बाद में सही ढंग से भरें। | आधी नीट वाचून घ्या, मग योग्य प्रकारे भरा

इस आवेदन पत्र के साथ और भी कुछ देना होगा क्या?
या अर्जासोबत आणखिही काही द्यावे लागेल का?

इस के साथ एक हजार रुपये जमा कीजिये। और कुछ साहब?
या सोबत हजार रुपये भरा. आणखिन काही साहेब?

आपको पहचानने वाले हमारे किसी बैंक ग्राहक की जमानत देनी होगी।
आपल्याला ओळखत असलेल्या आमच्या बँकेच्या एखाद्या खातेधारकाची जमानत द्यावी लागेल.

मतलब? | म्हणजे?

कुछ नहीं। आवेदन पत्र पर अपना हस्ताक्षर | काही नाही. अर्जावर तुमची स्वाक्षरी करा,

करें, इतना ही काफी हैं। | एवढेही चालेल.

यह सब होने के बाद मुझे पास बुक मिलेगी? | हे सगळे झाल्यावर मला पासबुक मिळेल?

हाँ जरुर! | हो, नक्कीच.

मेल ट्रान्सफर का उपयोग क्या है ? | मेल ट्रानस्फरचा काय उपयोग होतो?

यह डी. डी. से भी बहुत आसान है । | ते डी.डी. पेक्षाही फार सोपे पडते

अब आप यहाँ नगद डिपाजिट करेंगे तो | आता तुम्ही इथे नगद रक्कम जमा केली की

वह रकम सीधी आपके खाते में जमा होगी। | ती सरळ तुमच्या खात्यात जमा होईल.

मैं एक जमीन खरीदना चाहता हूँ। क्या आपके बैंक में ऋण सुविधा है?
मला एक जमीन खरेदी करायची आहे. तुमच्या बँकेत कर्ज मिळण्याची सोय आहे?

यह फॉर्म भर दीजिए, ऋण मिल जायगा। | हा फॉर्म भरुन द्या कर्ज मिळून जाईल..

गहने सुरक्षित रखने के लिये आपके पास लॉकर की सुविधा है क्या?
दागीने सुरक्षित ठेवण्यासाठी तुमच्या कडे लॉकरची सोय आहे?

5. दर्जी की दुकान (Tailoring Shop) शिंप्याचे दुकान

बोलिये साहब! क्या सीना है?	बोला साहेब! काय शिवायचे आहे
सुट की सिलाई कितनी है?	सुटची शिलाई किती आहे?
दो हजार लगेंगे ।	दोन हजार लागतील.
अरे! इतनी सिलाई होती है क्या?	बापरे, एवढी शिलाई असते का?
वह तो बहूत कम लेती हैं।	ती तर खूप कमी घेते?
मेरी कमीज के दो बटन टूट गये हैं।	माझ्या शर्टाची दोन बटणं तुटली आहेत.
नये लगा देंगे?	नविन लावून द्याल?
मैं एक कमीज बनवाना चाहता हूँ।	मला एक नविन शर्ट शिवायचा आहे.
मेरा नाप लीजिये।	माझे माप घ्या.
ज्यादा चुस्त नहीं, ढ़िला सिलाइए।	जास्त घट्ट नको, थोडा सैल शिवा.
कमीज के लिये कितना कपड़ा चाहिये?	शर्टासाठी किती कापड लागेल?
ढाई मीटर कपड़ा चाहिये।	अडिच मीटर कापड लागेल.

आपकी कमीज अभी सी रहे हैं साहब। पतलून का क्या हाल है?
तुमचा शर्ट आताच शिवू लागलो आहे साहेब. विजारीचे काय झाले?

पतलून पेट के नीचे है।	विजार पोटाखाली जात आहे?
पतलून पेट पर रहना चाहिये।	विजार पोटावर रहायला हवी.
यह दोनों कब तक तैयार हो जायेंगे?	हे दोन्ही केधी पर्यंत तयार होतील?
पोंगल/त्यौहार के पहले दे दूँगा।	सक्रांत/सणाआधी देऊन टाकिन.
आप फटे कपडे भी सिलते हैं क्या?	तुम्ही फाटलेले कपडे शिवून देता का?
नहीं साहब, उसमें काम ज्यादा करना पडता हैं।	नाही साहेब, त्यात काम जास्त करावे लागते
और कमाई कम होती है।	आणि कमाई कमी होते.
रेडिमेड कपड़े आने के बाद आमदनी कम हो गई	रेडिमेड कपडे आल्यानंतर कमाई कमी झाली.

6. नाई की दुकान (Barber Shop) न्हाव्याचे दुकान

बाल काटने के कितने पैसे लगेंगे?	केस कापण्याचे किती पैसे लागतील?
चालीस रुपये।	चाळीस रुपये.
क्या बात करते हो! चालीस रुपये रेट है क्या?	काहीही सांगता. चाळीस असतात का?
उस से तो बिना बाल के रहना अच्छा है।	त्यापेक्षा केस नसलेले परवडले.
दाढ़ी बनाने का क्या लोगे?	दाढी करायचे काय घ्याल?
दस रुपये।	दहा रुपये.

यह देखकर तो संसारी से संन्यासी की जिन्दगी अच्छी है ऐसा लगता है।
हे सगळे पाहून तर संसाऱ्यापेक्षा संन्याशाचे जीवन चांगले असे वाटते.

मेरे बाल कम करो।	माझे केस कमी करा.
मेरे बाल कि कटिंग करो।	माझे केस कट करा.

उसके साथ दाढ़ी भी बनाओ।
त्यासोबत दाढी पण करुन द्या.

दाढ़ी बनाते समय शेवर, ट्रिमर ऐसी चीजों का इस्तेमाल मत करो।
दाढी करतांना शेवर, ट्रिमर असा वस्तुंचा वापर करु नका.

मेरे कुछ बाल झड़ रहे हैं।
माझे केस थोडेसे गळू लागले आहेत.

यह शायद आपको परंपरागत होगा।
हे कदाचित तुमचे अनुवंशिक कारण असेल.

बाल बढ़ाने के लिये कुछ करके देखा?
केस वाढण्यासाठी काही करुन पाहिले का?

बहुत कुछ इस्तेमाल किया मगर कुछ भी फायदा नहीं हुआ।
खूप काही करुन पाहिले पण काहीच फायदा झाला नाही.

तुम्हारा उस्तरा तेज नहीं हैं।
तुमचा वस्तरा धारदार नाही।

दाढी बनाते समय खरोंच ना आयें, इसलिये।
दाढी करतांना खरचटूं नये म्हणून.

मेरी मुंछें भी ठीक करो.
माझ्या मिशा पण नीट करा.

तुम्हारे उस्तरे ने काट दिया।
तुमच्या वस्तऱ्याने कापले.

वहाँ थोडी फिटकरी लगा दूँगा।
तिथे थोडी तुरटी लावून देतो.

सिर पर थोड़ा तेल लगा दो।
डोक्याला थोडे तेलही लावून द्या.

मेरे नाखून काट दो।
माझी नखं कापून द्या.

सबेरे कितने बजे दुकान खोलते हो?
सकाळी किती वाजता दुकान उघडता?

रविवार को बहुत भीड़ रहती है।
रविवारी खूप गर्दी असते.

मंगलवार के दिन हमं दुकान नहीं खोलते।
आम्ही मंगळवारी दुकान उघडत नाही.

7. चश्मे की दुकान (Opticals Shop) चश्म्याचे दुकान

मेरे ऐनक की फ्रेम टूट गई है।
माझ्या चष्म्याची फ्रेम तुटली आहे.

इस मजबूत फ्रेमों का दाम क्या है?
या मजबुत फ्रेमची काय किंमत आहे?

कुछ और फ्रेमों के नमुने दिखाइए।
आणखिन काही फ्रेमचे नमुने दाखवा.

यह पहन कर देखिये।
ही घालून पहा.

यह फ्रेम आपको बहुत अच्छी लग रही हैं।
ही फ्रेम तुम्हाला फारच छान दिसत आहे.

आजकल धूप ज्यादा है।
हल्ली उन जास्तच आहे.

इसलिये कुछ दिनों तक ठंडे चश्मे पहनिए।
त्यासाठी काही दिवस उन्हाचे चष्मे वापरा.

मुझे कभी–कभी / अक्सर आँखों में पानी आता है।
कधी कधी माझ्या डोळ्यांत पाणी येते.

मुझे शायद दृष्टिदोष है।
कदाचित मला दृष्टीदोष असावा.

पढते समय मेरी आँखे दर्द करती है।
वाचतांना माझे डोळे दुखतात.

यहाँ कम्प्युटर द्वारा आँखों कि जाँच होती है?
इथे कम्प्युटरने डोळे तपासले जातात?

उसके लिये स्पेशलिस्ट आयेंगे।
त्या साठी विषेशज्ञ येतात.

वे शाम को आयेंगे।
ते संध्याकाळी येतात.

हकीम से मिलने मैं शाम कों आऊँगा।
डॉक्टरांना भेटण्यासाठी मी संध्याकाळी येईन.

आपकि शिकायत क्या है?
तुम्हाला काय त्रास होतो?

मुझे दूर के अक्षर और वस्तुऐं ठीक से नहीं दिखति।
मला दूरची अक्षरं आणि वस्तू नीट दिसत नाहीत.

आँखों की जाँच आप मुफ्त में करते है?
तुम्ही डोळे मोफत तपासता?

जाँच तो मुफ्त में करते है, मगर ऐनक मुफ्त में नहीं देते।
तपासणी तर मोफत होते,पण चश्मे मात्र मोफत मिळत नाहीत.

वह तो मुझे भी मालूम है। ते तर मलाही माहित आहे.

फिर क्या शंका है? मग कसली शंका वाटते?

हाँ! कुछ नहीं। नाही, नाही, काही नाही.

कुछ भी संदेह के साथ करेगें तो संदेह जैसा ही होता है।
काहीही शंका घेऊन केले तर शंका घेण्या सारखेच होते.

इसलिये संदेह छोड़कर हम पर यकीन कीजिए। म्हणून शंका सोडून आमच्यावर भरोसा ठेवा.

आपने एकदम ठीक कहा। तुम्ही अगदी योग्यच बोललात.

8. सड़क पर (On the Road) सडकेवर

यह रास्ता कहाँ जाता है? हा रस्ता कुठे जातो?

यह रास्ता कहीं भी नहीं जाता, हम ही जाते हैं। तो कुठेच जात नाही, आपणच जात असतो.

आपकी बातों से मुझे हँसी आ रही है। तुमच्या बोलण्याने मला हसू येते.

पास में कोई अच्छा होटल है क्या? जवळ एखादे चांगले हॉटेल आहे का?

हाँ है, मगर वहाँ पानी अच्छा नहीं हैं। हो, आहे पण तिथे पाणी चांगले नाही.

इस सड़क पर कई स्पीड ब्रेकर्स हैं। या सडकेवर किती तरी स्पिड ब्रेकर्स आहेत.

इस सड़क पर अकेले मोटर बाईक पर गये तो अच्छा लगता है।
या सडकेवरुन एकट्यानेच मोटर सायकलवरुन जायला बरे वाटते.

ऐसा क्यों? असं का?

क्या मालूम। थोड़ा ऊपर नीचे होते हुए जोश में जा सकते हैं।
काय माहित, थोडे खाली वर होत, मजेत जाता येते.

इस सड़क पर दोनों तरफ एक भी पेड नहीं है। या रस्त्यावर दोन्हीकडेला एकही झाड नाही.

पेड़ नही है तो क्या हुआ, वहाँ देखो, वहाँ एक नल है।
झाड नसले म्हणून काय झाले, तिकडे पहा.तिकडे एक नळ आहे.

सिर्फ नल रहने से क्या होता है? उसमें पानी तो रहना चाहिये ना?
फक्त नळ असून काय फायदा? त्यात पाणी तर असायला हवे ना?

सब चाहिये यह तो अति अपेक्षा हो गई।

सगळेच असायला हवे ही अति अपेक्षा झाली.

तुम्हें हाथ जोड़ता हूँ। वह सब छोड़ो।

हात जोडले तुमच्या पुढे. ते सगळे जाऊ द्या.

इस सड़क से मैं रेलवे स्टेशन जा सकता हूँ?

या रस्त्याने मी रेल्वे स्टेशनला जाऊ शकतो?

हाँ, सीधा जाइए।

हो, सरळ जा.

यह सड़क बहुत अच्छी है।

हा रस्ता खूप चांगला आहे.

बिलकुल आइने जैसी है।

अगदी आरशा सारखा आहे.

यह सही है तो अपना मुँह उसमें देख लो।

हे खरे असेल तर तुमचा चेहरा त्यात पाहून घ्या.

आपको कुछ भी लेना हो तो इस दुकान में पूछिये।
तुम्हाला काहीही हवे असेल तर या दुकानात विचारा.

9. फलों की दुकान (Fruit Shop)   फळांचे दुकान

यह कैसे दिया?

हे कसे दिले?

अच्छे दाम से दूँगा।

चांगल्या भावात देईन.

अच्छे दाम का क्या मतलब?

चांगला भाव म्हणजे काय?

उसका मतलब, मैंने बोला और आपने ले लेना।

म्हणजे मी सांगावे आणि तुम्ही घेऊन टाकवे.

यह फल कच्चे दिख रहे हैं।

ही फळं कच्ची वाटतात.

यह अभी पके नहीं हैं शायद।

ही अजून पीकली नाहीत वाटत.

शक मत कीजिए।

शंका घेऊ नका.

तो क्या करें? सीधा ले लेना?

मग काय करु? सरळ घेउन टाकू?

ऐसा नहीं, नाराज मत होना।	तसे नाही, नाराज नका होऊ.
नाराज होने की बात नहीं, पर खरीदते समय थोड़ा देखना तो चाहिये ना?	नाराज व्हायची गोष्ट नाही, पण खरेदी करतांना थोडे बघून घ्यायला हवे ना?
तुम्हारे पास अच्छे संतरे हैं क्या?	तुमच्यापाशी चांगली संत्री आहेत का?
है माँ! आज ही ताजे लाया हूँ।	आहेत ना आई, आजच ताजे आणले आहेत.
यह तो कुछ हरे दिख रहे हैं।	ही तर काहीशी हिरवी दिसतात.
लेकिन मैं आपको चुनकर पके हुए दे दूँगा।	पण मी तुम्हाला निवडून पिकलेली देईन.
लेकिन यह मँहंगे है।	पण ही महाग आहेत.
माल की खूबी देखकर बात कीजिए।	मालाचा गुण पाहून बोला.
खुबी तो अच्छी है, मगर दाम ही अच्छा नहीं हैं।	माल चांगला आहे पण भाव चांगला नाही.
अमरुद देखिये, अभी खाने को आपका मन करेगा।	पेरू बघा, तुम्हाला आत्ताच खावेसे वाटतील.
लेकिन इनपर काले धब्बे है।	पण त्यांच्यावर काळे डाग आहेत.
अमृतपानी केले बहुत अच्छे है।	अमृतपाणी केळी खूप चांगली आहेत.

10. सब्जी/तरकारियों की दुकान (Vegetable Shop) भाज्यांचे दुकान

क्या दाम है?	काय भाव आहे?
किसका है?	कशाचा आहे?
बैंगन कैसे दिये?	वांगी कशी दिली?
यह बहूत ताजे हैं।	ही फार ताजी आहेत.
माल ताजा है या नहीं पता नहीं, मगर दाम तो ताजा है।	माल ताजा आहे की नाही माहित नाही पण भाव मात्र ताजा आहे.
ऐसी बात करेंगे तो कैसा होगा जी?	असे बोलाल तर कसे होईल हो?

नहीं तो क्या? कल तुमने ही डेढ़ किलो शकरकंद पंद्रह रुपये में दिये थे।
नाही तर काय? काल तुच दिड किलो रताळी पंधरा रुपयांना दिली होती.

आप एक बार पूरा बाजार घूम कर देखो, फिर आपको पता चलेगा।
एकदा तुम्ही सगळा बाजार फिरुन पहा मग तुम्हाला कळेल.

यह सभी सब्जियाँ ताजी हैं क्या? या सगळ्या भाज्या ताज्या आहेत का?

जी हाँ! एकदम ताजी है। हो, हो, एकदम ताज्या आहेत.

मेरे पास खराब माल नहीं रहता। माझ्या जवळ खराब माल असतच नाही.

पेठा कहाँ से लाये? पेठा/दुधी कुठून आणली?

11. पंसारी की दुकान (Grocery Shop) किराणा दुकान

आपके पास अचार में लगने वाली सभी चीजें मिलती है क्या?
तुमच्याजवळ लोणच्यासाठी लागणाऱ्या सगळ्या वस्तु मिळतात का?

हाँ जरुर। हो, नक्कीच.

आधा किलो सरसों का तेल दीजिए। अर्धा किलो मोहरीचे तेल द्या.

और कुछ? आणखिन काही?

मेथी, धनिया, हिंग, लहसून है क्या? मेथी, धणे हिंग, लसूण आहे का?

चावल भी रखते हो क्या? तांदुळ पण ठेवता का?

बासमती चावल का दाम क्या है? बासमती तांदळाचा भाव काय आहे?

एक बार मैंने इधर से ही घर–गृहस्थी की कुछ चीजें खरीदी थी।
एकदा मी इथुनच घर–गृहस्थीसाठी लागणारे सामान घेतले होते.

आटा बहूत मोटा लग रहा है। पीठ जरा जास्तच जाड वाटतयं.

मुझे काजु, लौंग, किसमिस, इलायची चाहिये। मला काजु, लविंग, किसमिस, विलायची हवी.

बेसन, मूंगफली, तिल, साबूदाना एक एक किलो देना।
बेसन, शेंगदाणे, तिळ, साबुदाणे एक एक किलो द्या.

143

देखो तो, यह तराजू ठीक नहीं लग रहा। बघू बरं, तराजु काही बरोबर वाटत नाही.

नहीं जी, ठीक ही है, आपको अच्छी तरह तोल कर दूँगा।
नाही हो, चांगलाच आहे, तुम्हाला चांगल्या तोल कर दूँगा। रीतीने मोजुन देईन.

परसों आपने दिया हुआ उड़द की दाल घटिया किस्म की थी।
परवा तुम्ही दिलेली उडदाची डाळ हलक्या दर्जाची होती.

हमारी चीजों को अभी तक किसी ने खराब नहीं कहा है।
आमच्या वस्तुंना अजून पर्यंत कोणीही नावं ठेवले नाह/वाईट म्हटले नाही.

आपकी चीजों मे जरा भी मिलावट नहीं है, यह बात आप यकीन के साथ कह सकते हैं।
तुमच्या कोणत्याच वस्तुत भेसळ नसते, असे तुम्ही खात्रीने सांगू शकता का?

पनीर के इस पैकेट के साथ कोई चीज मुफ्त है क्या?
पनीरच्या या पकिटावर काही मोफत वस्तू आहे का?

बिना मिलावट का मिट्टी का तेल मिलेगा? भेसळ नसलेले रॉकेल मिळेल?

सुना है कि, कुछ भ्रष्टाचारी लोग आजकल मिट्टी के तेल में भी मिलावट करते हैं।
ऐकलं आहे की काही भ्रष्टाचारी लोकं हल्ली रॉकेलमध्येही भेसळ करतात.

12. कपडे की दुकान (Cloth Shop) कपड्यांचे दुकान

आइये, आइये, अंदर आइये, यहाँ बैठिये। या या आत या, इथे बसा.

आपको क्या चाहिये? क्या दिखाना है, कहिये। तुम्हाला काय हवे? काय दाखवू सांगा.

हमें साड़ियाँ चाहिये। आम्हाला साड्या हव्यात.

क्या कीमत तक कि चाहिये? किती किंमतीपर्यंत दाखवू?

कोई सस्ते दाम कि बताइये। आपके पास रेशमी साडियाँ है क्या?
एखादी कमी किंमतीची दाखवा. तुमच्याजवळ रेशमी साड्या आहेत का?

है, लेकिन महँगी है। आहेत पण महागाच्या आहेत.

आप ये साडियाँ कहाँ से लाते हो? या साड्या तुम्ही कुठून मागवता?

कई प्रांतों से लाते हैं।	वेगवेगळ्या प्रांतांतून आणतो.
इस साड़ी का दाम क्या है?	या साडीची किंमत काय आहे?
यह नमूना मुझे पसंद नहीं हैं।	हा प्रकार मला आवडला नाही.
यह पसंद नही है तो दूसरी दिखाता हूँ।	हा आवडला नाही तर दुसरा दाखवतो.

कोई ऐसी वैसी नहीं, मुझे तो रोजमर्रा के लिए कुछ साडियाँ दिखाइए।
काही अशा तशा नको, मला तर रोज वापरायला लागणार्या साड्या दाखवा.

साड़ी कितनी लंबी है?	साडीची लांबी किती आहे?

हमारे पास कि सभी साडीयाँ छ: मीटर लंबाई की है।
आमच्याकडच्या सगळ्या साड्या सहा मीटर लांबीच्या आहेत.

मुझे एक कपड़ा चाहिए। लेकिन मुझे जितना चाहिये उतना नापकर दो.
मला एक कापड हवे आहे. पण मला जितके हवे आहे तितके मोजून द्या.

यहाँ के कपड़े देख कर सब लेने का मन करता हैं।	इथले कपडे पाहून सगळे घ्यावेसे वाटतात.
फिर देर किस बात की? अभी खरीद लीजिए।	मग उशीर कशाला? लगेच खरेदी करा.

मेरे पास पैसे कम पड़ रहे हैं, वरना मैं अभी तक पूरे खरीद लेता।
माझ्याजवळ पैसे कमी पडतायतं नाही तर, आतापर्यंत सगळी खरेदी केली असती.

अभी आपके पास पैसे नहीं है तो कोई बात नहीं, बाद में भी दे सकते हैं।
तुमच्याजवळ आता पैसे नसतील तरीही काही हरकत नाही, नंतर देऊ शकता.

वह कैसे?	कसे?
ओह! हम क्रेडिट कार्ड पर भी माल देतें है।	आम्ही क्रेडीत कार्डावर देखिल माल देतो.
ओ ! नहीं जी! भागते हुए दूध क्यों पीयें?	अस्स. पण नको. उसनवारी कशाला करावी?

अच्छी बात है! सब लोग आप जैसे हैं तो यह दुनिया कितनी सुंदर होती!
चांगली गोष्ट आहे, सगळे लोक तुमच्या सारखे असते तर हे जग किती सुंदर असते!

13. बाजार (Market) बाजार

इस शहर में बाजार कहाँ पर है? — या शहरात बाजार कोठे आहे?

कौन सा बाजार चाहिये? — कोणता बाजार हवा?

कौन सा बाजार का क्या मतलब? — कोणता बाजार म्हणजे काय?

मतलब, मछली का बाजार, तरकारियों का बाजार या कपड़े का बाजार।
म्हणजे मासळी बाजार, भाजी बाजार की कपड्यंचा बाजार.

यहाँ पर इतने सारे बाजार है । यह मुझे पता नहीं था।
इथे इतके बाजार असतात हे मला माहीत माहित नव्हते.

मुझे साधारण बाजार चाहिये। — मला आपला साधारण बाजार हवा.

इस तरफ से गये तो मोन्ढा मार्केट आयेगा। — या बाजूने गेलात तर मोंढा मार्केट लागेल.

वहाँ आपको सभी चीजें मिलेगी। — तिथे तुम्हाला सगळ्या वस्तु मिळतील.

आपके पास पाँच रुपये के छुट्टे हैं क्या? — तुमच्याजवळ पाच रुपयांचे सुट्टे आहेत का?

इधर की हर चीज बहुत महँगी लग रही हैं। — इथली प्रत्येक वस्तु फार महाग वाटत आहे.

यह आपका भ्रम है। — तो तुमचा भ्रम आहे.

वही है क्या? — तेच आहे का?

वह कुछ खास नहीं है। — ते काही विशष नाही.

कई है। — अनेक / कित्येक आहेत.

वह क्या है? — ते काय आहे?

यहाँ लकड़ी कि गुडिया भी मिलती है। — इथे लाकडी भावली पण मिळते.

मुझे चंदन से बनी एक टोकरी चाहिये। — मला एक चंदनी टोपली हवी.

वह तो नहीं मिलेगी, लेकिन हाथी दाँत से बनी चीजें जरुर मिलेंगी।
ती तर नाही मिळणार पण हस्तीदंती वस्तु नक्कीच मिळतील.

अब तो देख कर ही जायेंगे। आता तर बघूनच जाऊ.

14. बस स्टैण्ड (Bus Stand) बस स्टॅन्ड/स्टॉप

यहाँ बस स्टैण्ड कहाँ है? इथे बस स्टॅन्ड/स्टॉप कुठे आहे?

आधा किलोमीटर दूर है। अर्धा किलो मिटर अंतरावर आहे.

विनती करने पर बस कहाँ पर रुकती है। विनंती केल्यावर बस थांबते अशी जागा कोणती?

जहाँ देखेंगें वहाँ बस दिखेंगी। जिथे पहाल तिथे बस दिसेल.

लेकिन एक भी बस नहीं रुकती है। पण एकही बस थांबत नाहीये.

वह कोई ऑटो नहीं है, जो आपने हाथ दिखाया और वह रुक गई।
ती काही ऑटो नाही की तुम्ही हात दाखवला की ती थांबेल.

इस तरह रुक–रुक कर चलेगी तो बस एक मीटर भी आगे नहीं जा पायेगी।
अशा प्रकारे थांबत थांबत चालली तर बस एक मीटर ही पुढे जाऊ शकणार नाही.

उस बस में बहुत ज्यादा यात्री हैं। त्या बसमध्ये खूप जास्त प्रवासी आहेत.

वह लोग कैसे सफर कर रहें है वह देखो। ते लोक कसा प्रवास करीत आहेत ते पहा.

वे सब खड़े हैं। ते सगळे उभे आहेत.

सिटी बस का मतलब ही यही होता है! यालाच सिटी बस म्हणतात ना!

टिकट कहाँ से लेना है? तिकीट कुठून घ्यायचे?

काउन्टर से लेना है। काउंटरवरुन घ्यायचे आहे.

बस में टिकट नहीं देते क्या? बसमध्ये तिकीट देत नाहीत का?

जिलों में जाने वाली बस का स्टैण्ड कहाँ है? जिल्ह्यांना जाणाऱ्या बसचे स्टॅन्ड कुठे आहे?

इधर ही रुकिए, मैं एकबार समय सारिणी देख कर आता हूँ। इथेच थांबा, मी एकदा वेळापत्रक पाहून येतो.

यहाँ से देश में चारों ओर जाने वाली बसें मिलती है क्या?
इथून देशात सगळीकडे जाणाऱ्या बसेस मिळतील का?

नहीं मिलती। नाही मिळत.

थोड़ी दूर जाने के बाद बस बदलनी पड़ेगी। थोड्या अंतरावर जाऊन बस बदलावी लागेल.

हैदराबाद से राजमुन्द्री जाने के लिये कितना समय सगता है? हैद्रबादहून राजमुन्द्री जाण्यासाठी किती वेळ लागतो?

नौ घंटे लगते हैं। नऊ तास लागतात.

आजकल बस यात्रा बहुत मुश्किल हो गई हैं। हल्ली बसचा प्रवास फार त्रासदायक झाला आहे.

कोई खटारे जैसी बस में चढना मुझे पसंद नहीं है। खटाऱ्यासारख्या बसमध्ये बसणे मला आवडत नाही.

15. हमारा राज्य (Our State) आपले राज्यइन

हमारे राज्य का नाम आन्ध्र प्रदेश हैं। आपल्या राज्याचे नाव आंध्र प्रदेश आहे.

इसमे तेईस जिले हैं। त्यात तेवीस जिल्हे आहेत.

हमारे राज्य में तीन प्रांत हैं। आपल्या राज्यात तीन प्रांत आहेत.

उनके नाम हैः कोस्ता, रायलसीमा और तेलंगाना हैं। त्यांची नावे कोस्ता, रायसीमा आणि तेलंगना अशी आहेत.

इन तीन प्रांतों में लोग एक ही भाषा बोलते हैं। या तीनही प्रांतात लोकं एकच भाषा बोलतात.

समुद्र किनारे वाले प्रांत को कोस्ता कहते हैं। समुद्र किनाऱ्यावरील प्रांताला कोस्ता म्हणतात.

श्री कृष्ण देवराय ने जिस प्रांत पर शासन किया उसे रायलसीमा कहते हैं।
श्री कृष्ण देवरायांनी ज्यांच्यावर शासन केले त्याला रायलसीमा म्हणतात.

इसलिए, श्रीकाकुलम से नेल्लूर तक का भाग कोस्ता जिले के नाम से जाना जाता हैं।
म्हणून श्रकाकुलम ते नेल्लूर पर्यंतचा भाग कोस्ता जिल्हा म्हणून ओळखला जातो.

इसी तरह कडपा, कर्नूल, चित्तूर और अनन्तपूर जिल्ले रायलसीमा प्रांत में आते हैं।
त्याचप्रमाणे कडपा, चित्तूर आणि अनंतपूर हे जिल्हे रायलसीमा भागात येतात.

महाराष्ट्र, कर्नाटक और आन्ध्र प्रदेश राज्यों के कुछ जिलों पर मुस्लिम शासन था।
महाराष्ट्र, कर्नाटक आणि आंध्र प्रदेसातील काही जिल्ह्यांवर मुस्लिमांचे शासन होते.

वे सब एक अलग राज्य की तरह रहते थे। ते सगळे एका वेगळ्या राज्याप्रमाणे रहात होते.

इस राज्य में तेलुगु भाषा बोलने वाले भाग को तेलंगाना कहते थे।
या राज्यातील तेलुगु भाषा बोलणाऱ्या भागाला तेलंगणा म्हणत असत.

बाद में इसी को तेलंगना कहने लगे। कालांतराने यालाच तेलंगना म्हटले जाऊ लागले.

हमारे राज्य की राजधानी हैदराबाद हैं। आपल्या राज्याची राजधानी हैद्राबाद आहे.

हमारे राज्य में कृष्णा, गोदावरी, मंजिरा, तुंगभद्रा जैसी पवित्र नदियाँ बहती हैं।
आपल्या राज्यात कृष्णा, गोदावरी, मंजिरा, आणि तुंगभद्रेसारख्या पवित्र नद्या वाहतात.

इस राज्य में कई दरगाह, मस्जिदें, चर्च और देवालय हैं।
या राज्यात कित्येक दर्गो, मशीदी चर्च आणि अनेक देवालये आहेत.

हमारा राज्य शांति चाहने वाला राज्य है। आपले राज्य शांतीची कामना करणारे राज्य आहे.

यहाँ रहने वाले लोग भी शांति चाहते हैं। इथे राहणारे लोकही शांतीप्रिय आहेत.

भारत देश में आन्ध्र प्रदेश को एक विशिष्ट स्थान है। भारत देशात आंध्र प्रदेशाचे एक विशिष्ट स्थान आहे.

16. जलपान गृह (Tiffin Centre) उपहार गृह

भाई साब! यहाँ आसपास कोई अच्छा जलपान गृह है क्या?
भाऊ साहेब, इथे जवळपास एखादे चांगले उपहारगृह आहे का?

है ना साहब! सीधा जाकर दाईं तरफ मुड़िये। आहे ना साहेब! सरळ जाऊन दावीकडे वळा.

हम सब मिलकर एक अच्छे होटल में जायेंगे।
आपण सगळेजण मिळून एखाद्या चांगल्या हॉटेमध्ये जाऊ या.

अभी नहीं, थोड़ी देर के बाद देखेंगें। आत्ताच नको, थोड्या वेळाने पाहू.

जी, नाश्ता सुबह करते हैं, दोपहर में नहीं। अहो, नाश्ता सकाळी केला जातो, दुपारी नाही.

आप क्या लेंगे? तुम्ही काय घ्याल?

हमें इडली और दोसा चाहियें। आम्हाला इडली आणि डोसा हवा.

सांभर गरम है क्या? सांबर गरम आहे का?

पहले पानी लाओ। वह मेज साफ करो। आधी पाणी आणा.ते टेबल साफ करा.

इधर सब कचरा ही कचरा है। इथे सगळा कचराच कचरा आहे.

वहाँ साफ जगह है, वहाँ बैठते है। तिकडे स्वच्छ जागा आहे, तिथे बसूया.

यहाँ पंखा है पर चलता नहीं, बल्ब है पर लाइट नही है।
इथे पंखा आहे पण चालत नाही, दिवे आहेत पण लाईटच नाही.

मुझे थोड़ा दूध चाहिये। मला थोडे दूध हवे.

मुझे दूध पसंद है, पर उसमें चीनी अच्छी नहीं लगती।
मला दूध आवडते, पण त्यात साखर घातले ली नाही आवडत.

डोसे में प्याज डालना। डोश्यात कांदा घाला.

मसाला डोसा सबसे अच्छा है। मसाला डोसा सगळ्यात चांगला आहे.

यहाँ अच्छी चीजें मिलती है क्या। इथे चांगले पदार्थ मिळतात का?

यहाँ एक बार खा के देखो तो बस! इथे एकदा खाऊन पाहिले म्हणजे झाले!

बार–बार यहाँ आकर खाने को मन करता हैं। सारखं सारखं इथे येऊन खावंसं वाटतं.

17. भोजनालय (Hotel) भोजनालय/हॉटेल

मुझे भूख लग रही हैं। मला भूक लागली आहे.

इधर ही एक भोजनालय हैं। इथे जवळच एक भोजनालय आहे.

वहाँ पर खाना अच्छा मिलता हैं क्या? तिथे जेवण चांगले मिळते का?

स्वाद अच्छा रहता हैं। चव चांगली असते.

क्या चाहिये साहब?	काय हवे साहेब?
मुझे मेनू कार्ड दीजिये।	मला मेनू कार्ड द्या.
क्या लेंगे साहब?	काय घ्याल साहेब?
मुझे साऊथ इंडियन खाना चाहिये।	मला साऊथ इंडियन जेवण पाहिजे.
आपको साऊथ इंडियन खाना ज्यादा अच्छा लगता हैं क्या?	तुम्हाला साऊथ इंडियन जेवण जास्त आवडते का?
मुझे बहुत पसंद है।	मला खूप आवडते.
आपको यह खाना किस वजह से इतना पसंद हैं?	तुम्हाला हे जेवण इतके का आवडते?
इस खाने में हमें छः स्वाद मिलते हैं।	या जेवणात सहा चवी मिळतात.
मतलब?	म्हणजे?
अब यह चावल को देखिये, वैसे तो वह फीका रहता है।	आता या भाताचंच बघा, तशी त्याला चव नसते.

उसमें तूर दाल, घी, अचार मिलाने से कैसा बढिया स्वाद आता है, पता है?
त्यात तुरीची दाळ, तुप आणि लोणचे मिसळले, तर काय चवदार लागते माहित आहे?

मुझे नहीं पता।	मला माहित नाही.
तो फिर खुद खाकर समझ लो।	तर मग स्वतःच खाऊन पहा.
भोजन में गुझिया भी दिया है।	जेवणात करंजी ही दिली आहे.

खाली गुझिया ही नहीं साहब, पूडी, छौंका भात, बरोंयें, सुखी सब्जी भी देंगें।
फक्त करंजीच नाही साहेब तर, पूरी, फोडणीचा भात, कोशिंबीर आणि कोरडी भाजीही देऊ.

धन्यवाद भाई, मुझे अच्छा खाना खिलाया।	धन्यवाद भाऊ, मला चांगले जेवण खाऊ घातले.
मुझे कितना बख्शीस देना है?	मी किती बक्षीस देऊ?
वह आपकी मर्जी है, साहब!	तुमची मर्जी, साहेब!
यहाँ सेवा थोड़ी धीमी है।	इथे सेवा थोड़ी सावकाश आहे.

18. डाक घर (Post Office) पोस्ट ऑफिस

ड़ाक घर कहाँ हैं? पोस्ट ऑफिस कुठे आहे?

थोड़ा सीधा जाकर बाईं तरफ जाने पर एक चढ़ाव आता है।
थोडे सरळ जाऊन डावीकडे वळाले म्हणजे एक चढ लागतो.

वह चढ़के दाईं ओर देखें तो सफेद अक्षरों में लिखा एक लाल बोर्ड दिखेगा, वही ड़ाक घर हैं।
तो चढल्यावर उजव्या बाजूला पहाल तर पांढऱ्या अक्षरांनी लिहीलेला एक लाल बोर्ड दिसेल, तेच पोष्ट ऑफिस आहे

मुझे यह चिट्ठी जल्दी से जल्दी पहूँचानी हैं। माझे हे पत्र लवकरात लवकर जायला हवे.

तो आप स्पीड पोस्ट से भेजिए। तर मग तुम्ही स्पीड पोष्टने पाठवा.

लिफाफे पर कितने का डाक टिकट लगाना? पाकिटावर किती रुपयांचे तिकीट लावू?

टिकट चिपकाने की जरुरत नहीं हैं। आणखिन तिकीटं लावायची गरज नाही.

कृपया आप इस लिफाफे का वजन कितना हैं यह बतायेंगे?
कृपया आपण सांगाल की की या पाकीटाचे वजन किती आहे?

इसके वजन के अनुसार आप को अस्सी रुपये का टिकट चिपकाना पड़ेगा।
याच्या वजनानुसार तुम्हाला यावर ऐंशी रुपयांचे तिकीट लावावे लागेल.

पत्र जल्दी पहूँचने के लिये सही पिनकोड लिखना जरुरी है।
पत्र लवकर मिळावे म्हणून योग्य पीन कोड लिहीणे गरजेचे आहे.

बुक पोस्ट लिफाफा है तो उसे बन्द करने की जरुरत नहीं है।
बुक पोस्ट लिफाफा आहे तर त्याला बद करायची गरज नाही.

मनीऑर्डर कब तक लेते हैं? मनी ऑर्डर किती वाजेपयेंत घेता?

तीन बजे तक स्वीकार करते हैं। तीन वाजे पर्यंत घेतो.

हजार रुपये भेजने के लिये कितना शुल्क लगेगा? हजार रुपये पाठवायचे असतील तर किती शुल्क लागेल?

पचास रुपये लगेगें। पन्नास रुपये लागतील.

मनी ऑर्डर फॉर्म किस तरह भरना साहब? मनी ऑर्डरचा फॉर्म कसा भरायचा साहेब?

इस बारे में सारी जानकारी उसी पत्र पर तीन भाषाओं में लिखा है।
ही सगळी माहीती त्याच पत्रावर तीन भाषेत लिहीली आहे.

ड़ाक कब निकालते हैं? पोस्ट केव्हा काढतात?

अब का पोस्ट निकल गया है। या वेळेची पोष्ट काढून घेण्यात आली आहे.

अगला पोस्ट दोपहर चार बजे निकलेगा। पुढची पोष्ट दुपारी चार वाजता निघेल.

आज चिट्ठियाँ बाँटी जाती है क्या? आज पत्रांचा बटवडा केला जातो का?

क्यों नहीं? जरुर करते हैं। का नाही? नक्कीच करतो.

रेलवे स्टेशन (Railway station) रेल्वे स्टेशन

आज मैं राजमुन्द्री जाना चाहता हूँ। आज मला राजमुन्द्रीला जायचे आहे.

कैसे जाना चाहते हो? रेल से या बस से? कसे जाणार? रेल्वेने की बसने?

रेल से जाना है, तो नौ घंटे में आराम से जा सकते हैं।
रेल्वेने जायचे असेल तर नऊ तासात आरामात जाऊ शकाल.

आपने टिकट का आरक्षण करवा लिया है क्या? तुम्ही तिकेटाचे आरक्षण केले आहे का?

हाँ, हो गया है। हो, केले आहे.

हमारे नसीब से खिड़की के पास की सीट मिली है। आपल्या नशीबाने खिडकीजवळची सीट मिळाली आहे.

आप अपनी ही सीट पर बैठें हैं ना यह देख लीजिये। तुम्ही तुमच्याच सीटवर बसला आहात ना, हे बघून घ्या.

मैं सब देख कर ही बैठा हूँ। मी सगळे बघूनच बसलो आहे.

खाने का डिब्बा किस तरफ हैं? खाण्याचा डब्बा कोणत्या बाजूला आहे?

वह उस तरफ है। तो तिकडे आहे.

मैं कल रात की गाड़ी से मुंबई जाऊँगा। मी उद्या रात्रीच्या गाडीने मुंबईला जाईन.

मुंबई के लिये एक ही गाड़ी जाती है क्या? मुंबईला एकच गाडी जाते का?

हाँ, एक ही गाडी जाती है।	हो, एकपण आहे ना, मग काही हरकत नाही.
नहीं, बीच में गाड़ी बदलनी पड़ेगी।	नाही मध्येच गाडी बदलावी लागेल.
मैं आपके साथ स्टेशन आऊँगा।	मी तुमच्या सोबत स्टशनवर येईन.
अगर ऐसा है, तो तुम जल्दी तैयार हो जाओ।	तसे असेल तर मग तुम्ही लवकर तयार व्हा.
वे लोग गाड़ी पकड़ नहीं सके।	ते लोकं गाडी पकडू शकले नाहीत.
आज गाडी बहूत देर से आ रही है।	आज गाडी फार उशीराने येत आहे.
हाँ, आज सही समय से काफी पीछे चल रही है।	हो आज नियमीत वेळेपेक्षा बराच उशीर करीत आहे.
खाने के लिये गाड़ी से उतरने की जरुरत नहीं हैं।	जेवणासाठी गाडीतून उतरायची गरज नाही.
खाना गाड़ी में ही मिलता हैं।	जेवण गाडीतच मिळते.

खाना अच्छा मिलता है, तो फिर कोई बात नहीं, चाहे जितना लंबा सफर हो, कर सकता हूँ।
जेवण चांगले मिळत असे तर मग काहीच हरकत नाही. कितीही दूरचा प्रवास असला तरी करु शकतो.

20. खेल (Sports) खेळ

आप कौन सा खेल खेलते हैं?	तुम्ही कोणता खेळ खेळता?
मैं शतरंज खेलता हूँ।	मी बुध्दिबळ खेळतो.
आपको कौन सा खेल पसंद है?	तुम्हाला कोणता खेळ आवडतो?
मैं पतंग उड़ा सकता हूँ।	मी पतंग उडवू शकतो.
वे लोग कौन सा खेल खेलने में कुशल हैं?	ते लोकं कोणता खेळ खेळण्यात कुशल आहेत?
वे कबड्डी अच्छा खेलते हैं।	ते खो–खो चांगला खेळतात.
आजकल क्रिकेट को अधिक प्रोत्साहन मिल रहा हैं।	हल्ली क्रिकेटला जास्त प्रोत्साहन मिळत आहे.

यह आजकल कि बात नहीं है, भाई, उसे तो कब से प्रोत्साहन मिलता जा रहा है, पता है?
ही हल्लीची गोष्ट नाही भाऊ, त्याला तर केव्हा पासून प्रोत्साहन मिळत आहे, माहीतेय?

आप बिलकूल सही बोल रहें हैं। तुम्ही अगदी खरे बोललात बघा.

क्रिकेट के अलावा और खेल नहीं है क्या? क्रिकेटशिवाय दुसरे खेळच नाहीत का?

मुझे ऊँची कूद पसंद है। मला उंच उडी आवडते.

तुम उँची कूद लगा सकते हो? तुम्ही उंच उडी मारु शकता?

नहीं, नहीं! सिर्फ देखना पसंद है। नाही, नाही! फक्त पहायला आवडते.

वह कौन है पता है? तो कोण आहे, माहित आहे?

पता है, वह तेज धावक है। माहित आहे, तो वेगवान धावपटू आहे.

आप की कलाशाला में रोज खेलने का पिरियड रहता है क्या?
तुमच्या कलाशाळेत रोज खेळण्याचा तास असतो का?

जी हाँ! हम हर रोज चार बजे मैदान पर जाते हैं। हो, आम्ही रोज चार वाजता मैदानावर जातो.

आप लोग उधर कौन सा खेल खेलते है? तुम्ही तिथे कोणता खेळ खेळता?

आप हँसेंगें नहीं तो बोलूँगा। तुम्ही हसणार नसाल तर सांगतो.

अच्छा, नहीं हँसूंगा, बोलो। बरं, नाही हसणार, बोला.

वहाँ हम कंचे भी खेलते है। तिथे आम्ही गोट्याही खेळतो.

उसे तैरना पसंद है। त्याला पोहणे आवडते.

लेकिन पानी नहीं है। पण पाणीच नाही.

खेल में कौन हारेगा और कौन जितेगा यह किसी को भी मालूम नहीं होता।
खेळात कोण जिंकेल आणि कोण हरेल हे कोणालाच माहित नसते.

एक चीज तो पक्की है कि, खिलाड़ियों का स्वास्थ्य अच्छा रहता है।
एक गोष्ट मात्र पक्की की खेळाडूंचे स्वास्थ्य/आरोग्य उत्तम राहते.

21. स्वास्थ्य (Health) स्वास्थ्य/आरोग्य

आप कैसे हो?	तुम्ही कसे आहात?
ठीक नहीं हूँ।	ठिक नाही.
क्या हुआ?	काय झाले?
मेरे पेट मे दर्द हो रहा है।	माझ्या पोटात दुखते
क्यों?	का?
वह मालूम होता तो इतनी तकलीफ क्यों होती?	ते माहित असतं तर इतका त्रास का झाला असता?
एक या दो बार दर्द उठा तो फिर भी ठीक है।	एकदा दोनदा दुखलं तरी ठिक आहे.

बार—बार दर्द उठा तो पेट में कुछ हो रहा हो ऐसा लगता है।
सारखं सारखं दुखत असलं म्हणजे पोटात काही तरी होत आहे असं वाटतं.

इस से पहले तक आप अच्छे थे।	या आधी तर तुम्ही चांगले होतात.
मुझे एक धंदे / व्यापार में नुकसान हुआ है।	माझे एका धंद्यात नुकसान झाले.
उस समय घबराहट में समय पर खाया नही।	त्या वेळी भीतीमुळे वेळेवर खात नसे.
कौन सी दवाई ली थी?	कोणतं औषधं घेतलं होतं?
कई दवाइयाँ ली।	अनेक औषधं घेतली.
आपके बच्चे कैसे है?	तुमची मुलं कशी आहेत?
छोटे बच्चे को सिर में दर्द है तो बड़े को खाँसी है।	लहान मुलाचं डोकं दुखतयं तर मोठ्याला खोकला आहे.
इसका मतलब क्या पता है?	याचा अर्थ काय होतो माहित आहे?
आप लोग स्वास्थ्य के नियमों का पालन नही कर रहें हैं।	तुम्ही लोकं आरोग्याच्या नियमांचे पालन करीत नाही.
तो फिर क्या करें?	मग काय करावे?

रोज सुबह उठते ही एक से डेढ़ लिटर पानी पियें।	सकाळी उठल्याबरोबर एक ते दिड लिटर पाणी प्या.
इतनी सुबह पानी पीने से मेरा सिर चकराने लगता है।	इतक्या सकाळी पाणी प्यायल्याने मला गरगरल्यासारखे होते.
आप सिगरेट पीते हैं क्या?	तुम्ही सिगरेट पीता का?
तुम कुछ गोलियाँ देतें हो क्या?	तुम्ही काही गोळ्या देता का?
मैं तो नहीं देता, मगर वे देते हैं।	मी तर नाही देत पण ते देतात.
स्वास्थ्य ही महाभाग्य है।	आरोग्य हेच मोठे भाग्य आहे.
वह बात सबसे अच्छी है।	तिच सगळ्यात जास्त चांगली गोष्ट आहे.

22. हकीम (Doctor) चिकित्सक

यहाँ बैठिये।	इथे बसा.
क्या तकलीफ है?	काय त्रास होतो?
साँस लेते समय दर्द होता है।	श्वास घेतांना दुखतं.
साँस लीजिए।	श्वास घ्या.
यह तकलीफ कब से है?	हा त्रास कधी पासून आहे?
सात महीने से।	सात महिन्यांपासून.
और कुछ तकलीफ है?	आणखिन काही त्रास होतो?
भूख नही लगती।	भूक लागत नाही.
वजन बढ़ गया है।	वजन वाढले आहे.
अक्सर खाँसी रहती है।	बरेचदा खोकला येतो.
कुछ भी करने को मन नहीं करता।	काही करावेसे वाटतं नाही.
चिड़चिड़ापन बढ़ गया हैं।	चिडचिड वाढली आहे.

एक सवाल पुछा तो सौ जवाब दे दिये। एक प्रश्न विचारला तर शंभर उत्तरं दिली.

क्या करना साहब? इन तकलीफों से तंग आ गया हूँ। काय करु साहेब? या त्रासानं कंटाळून गेलोय.

आपके लिये सबसे पहली और सबसे बड़ी दवा क्या है, पता हैं आपको, बातें कम किया करो।
तुमच्यासाठी सगळ्यात पहिली आणि सगळ्यात मोठं औषध काय आहे माहितेयं, कमी बोलत जा.

आहार के बारे में जागरुक रहिये। आहाराबद्दल जागरुक रहा.

थोड़े दिनों तक दो बार ही खाना खाइये। काही दिवस दोनदाच जेवत जा.

घबराइये मत। घाबरु नका.

अस्वस्थ होने की जरुरत नहीं। अस्वस्थ होऊ नका.

मैं गोलियाँ दे रहा हूँ। मी गोळ्या देत आहे.

मैं जैसा बताता हूँ उस तरह उसे समय पर लीजिए। मी सांगितल्याप्रमाणे त्या वेळेवर घेत चला.

आपको जुकाम तो नहीं है ना? तुम्हाला सर्दी तर नाही ना?

प्रतिदिन सुबह व्यायाम किया करो। रोज सकाळी व्यायाम करायला लागा.

धन्यवाद हकीम साहब! धन्यवाद डॉक्टर साहेब!

23. मनोरंजन (Entertainment) करमणूक

आजकल कई लोग मनोरंजन के लिये बहुत पैसा खर्च कर रहे हैं।
हल्ली लोकं मनोरंजनासाठी फार पैसा खचे खर्च करु लागले आहेत.

इस मशीनी जीवन में सब का तनाव बढ़ रहा है।
या यांत्रिकतापूर्ण जीवनात सगळ्यांचा ताण वाढत आहे.

प्रत्येक आदमी सुख से जीना चाहता है। प्रत्येक जण सुखाने जगू इच्छितो.

मगर सोच और सुख में कोई रिश्ता नहीं है। परंतू विचारांचे सुखाशी काही नाते नसते.

इसलिये लोग मनोरंजन के पीछे भागते हैं। म्हणून लोकं मनोरंजनाच्या मागे धावतात.

कुछ लोगों को संगीत पसंद है और कुछ लोगों को सिनेमा पसंद है।
काही जणांना संगित आवडतं आणि काहींना सिनेमा आवडतो.

यह सब किसलिए?   हे सगळे कशासाठी?

मन की शान्ती के लिए।   मनःशांतीसाठी.

जितना मन में तनाव रहेगा, उतना ही इनसान मनोरंजन की तरफ खींचता जाता है।
मनात जितका ताण असेल, तितकाच माणूस मनोरंजनाकडे ओढला जातो.

क्योंकि वह जानता है कि, जितनी देर मन मनोरंजन में लगा रहेगा उतनी देर वह प्रसन्न रहेगा।
कारण की त्याला माहित असते की जितका वेळ मनोरंजनात जाईल तितका वेळ तो प्रसन्न राहील.

उधर देखो, बच्चे क्या कर रहे हैं।   तिकडे पहा ती मुलं काय करीत आहेत.

वहाँ बच्चे झूला झूल रहे हैं।   तिथे मुलं झोका घेत आहेत.

जरा उन को देखो, वे कितने खुश हैं।   त्यांच्याकडे जरा पहा. ती किती आनंदात आहेत.

वह बात तो मैं भी जानता हूँ।   ते तर मलाही माहित आहे.

इसका कारण क्या है, मुझे बताओ।   याचे काय कारण आहे, मला सांगा.

उनके पास ज्यादा धन है, इसलिये उनके दिल में सुख और खुशी रहती है।
त्यांच्याजवळ जास्त धन आहे म्हणून त्याच्या मनात जास्त सुख आणि आनंद असतो.

ऐसा मत सोचो।   असा विचार नका करु.

मन को थोड़ा आराम देना जरुरी है।   मनाला थोडा आराम द्यावा लागतो.

इसलिये हर इन्सान को खेल या संगीत में मन लगाना पड़ता है।
यासाठी प्रत्येकाला खेळात किंवा संगीतात मन रमवावे लागते.

अगर आप सुखदायक जीवन चाहते हो तो आज से ही नाट्य, नृत्य, खेल या संगीत सीखने के लिये तैयार हो जाइए।
जर तुम्हाला सुखी जीवन हवे असेल तर, आज पासूनच नाट्य, नृत्य, खेळ किंवा संगीत शिकायला तयार होऊन जा.

23. बेकरी (Bakery) बेकरी

हम आज एक अच्छी बेकरी में जायेगें। | आज आपण एका चांगल्या बेकरीत जाऊ.

क्यों जी? कुछ खास बात है क्या? | का हो? आज काही विशष आहे का?

जी हाँ! परसों हमारे बेटे का जन्म दिन है। | हो, परवा आमच्या मुलाचा वाढदिवस आहे.

उस गली में एक बेकरी है। | त्या गल्लीत एक बेकरी आहे.

वह नानभाई ताजी रोटियाँ/पाव बेचता है। | तो नानभाई ताजे पाव विकतो.

ठीक है। उसके पास जायेगें। | ठीक आहे, त्याच्याकडे जाऊ.

आप एक बर्थ डे केक का ऑर्डर ले सकते हैं क्या?
तुम्ही एका बर्थ डे केकचा ऑर्डर घेऊ शकता का?

बिलकुल ले सकता हूँ साहब! | हो, हो, नक्किच घेऊ शकतो साहेब!

आपको कौन सा केक चाहिए साहब? | आपल्याला कोणता केक हवा साहेब?

आपके पास कौन–कौन सा केक मिलता है? | तुमच्याकडे कोण कोणते केक मिळतात?

सादा केक, बटर केक, स्पेशल केक, अंडा केक, बिना अंडा केक सब तरह के केक हमारे पास मिलते हैं।
साधा केक, बटर केक, स्पेशल केक, अंड्यची केक, बिना अंड्याचा केक सगळ्या प्रकारचे केक आमच्याकडे मिळतात.

केक के लिये एडवाँस देना होगा। | केकसाठी अॅडव्हान्स द्यायला हवा.

केक के ऊ.पर क्या लिखना है वह भी बताइये। | केकवर काय लिहायचे आहे तेही सांगा.

मुझे एक जैम कि बोतल और एक दर्जन अंडे दीजिए। | मला एक जॅमची बाटली आणि एक डझन अंडी द्या.

आपने कल जो चीजें दी थी, वह ताजी नहीं थी। | तुम्ही काल दिलेल्या वस्तु ताज्या नव्हत्या.

यह बात मैं नहीं मान सकता। लेकिन मैं सच ही बोल रहा हूँ।
हे मला पटत नाही. पण मी खरं तेच सांगत आहे.

हम कभी भी बासी चीजें नहीं रखतें। | आम्ही कधीच शिळे पदार्थ ठेवत नाही.

मैं लाकर आपको दिखाऊँ? | मी आणून दाखवू का?

ऐसा नाराज मत होना साहब! असे नाराज नका होऊ साहेब!

कितनी भी अच्छी चीज हो कभी–कभी खराब हो ही जाती है साहब।
कितीही चांगली वस्तु असली तरी कधीतरी खराब होऊनच जाते साहेब.

ठीक है। ठीक आहे.

मुझे एक आइसक्रीम दो। मला एक आइसक्रिम द्या.

दो पेस्ट्रीयाँ एक डिब्बे में भर कर उसे भेज दो।
एका डब्ब्यात दोन पेस्ट्री भरुन त्याच्याकडे पाठवून द्या.

26. मरम्मत (Repair) दुरुस्ती

भाई साहब, हमारा कम्प्युटर काम नहीं कर रहा है। भाऊ, आमचा कम्प्युटर चलत नाही.

आपके कम्प्युटर में क्या खराबी है। तुमच्या कम्प्युटरमध्ये काय बिघाड झाला?

हमें मालूम नहीं। आम्हाला माहीत नाही.

कम्पयुटर कहाँ है? कम्प्युटर कुठे आहे?

उस हॉल में है। त्या हॉल मध्ये आहे.

यह कब तक काम कर रहा था? हा कधी पर्यंत चालत होता?

कल रात तक काम कर रहा था। काल रात्रीपर्यंत चालत होता.

किसी ने कुछ किया क्या? कोणी काही केले का?

किसी ने कुछ नहीं किया। कोणी काहीही केले नाही.

किसी ने कुछ नहीं किया तो वह अपने आप खराब हो गया क्या?
कोणी काही केले नाही तर तो आपोआप बंद पडला का?

वही तो बता रहा हूँ। तेच तर सांगत आहे.

मैंने इसे ठीक करने की कोशिश की, लेकिन मेरी पूरी मेहनत बेकार गई?
मी त्याला ठीक करण्याचा प्रयत्न केला. पण माझी सगळी मेहनत वाया गेली.

इसे ठीक करने के लिए कितना खर्चा आयेगा?	याला दुरुस्त करायला किती खर्च येईल?
मैं अभी नहीं बोल सकता।	मी आत्ताच सांगू शकणार नाही.
अभी तो मैं इसे अपनी दुकान में ले जाता हूँ।	सध्या तरी मी याला माझ्या दुकानात नेतो.
आपके पास हथौड़ा है?	तुमच्या जवळ हतोडा आहे?
है! मगर क्यों?	आहे, पण कां?
मेरे घर में थोड़ी मरम्मत करनी है।	माझ्या घरात थोडी दुरुस्ती करायची आहे.
मेरे खिड़की से कींले निकल; गई है।	माझ्या खिडकीचे खिळे निघाले आहेत.
आपका काम होने के बाद हमारा काम करेंगे?	तुमचे काम झाल्यावर आमचे काम कराल?
ओ! जरुर।	हो, हो, जरुर.

घर की ऐसी छोटी मोटी चीजों की मरम्मत करना अच्छा लगता है।
घरातील अशा लहान सहान वस्तुंची दुरुस्ती करायला बरे वाटते.

6. कम्प्युटर की खरीददारी (Computer Purchase) कम्प्युटरची खरेदी

मुझे एक कम्प्यूटर चाहिये ।	मला एक कम्प्युटर हवाय.
कौन सी कंपनी का चाहिए?	कोणत्या कंपनीचा हवाय?
आपके पास कौन सी कंपनी का हैं?	तुमच्या जवळ कोणत्या कंपनीचा आहे?
हमारे पास कई कंपनी के हैं।	आमच्याजवळ अनेक कंपन्यांचे आहेत.
कौन सी कंपनी का अच्छा हैं?	कोणत्या कंपनीचा चांगला असतो?

साहब, मैं बेचता हूँ, मुझे तो सब अच्छा लगतें हैं ।
साहेब, मी विकणारा आहे, मला तर सगळेच चांगले वाटतात.

कौन सी कंपनी का ज्यादा बिकता है?	कोणत्या कंपनीचा जास्त विकला जातो?
सच कहूँ? हम तो जोड़ कर बेचतें हैं?	खरं सांगू? आम्ही तर जोडून विकतो.

मतलब? म्हणजे?

अलग–अलग कंपनी के अलग–अलग भाग जोड़ कर एक सेट बनाते हैं।
वेगवेगळ्या कंपन्यांचे वेगवेगळे भाग जोडून एक सेट बनवतो.

में समझा नहीं। मी समजलो नाही.

किस प्रकार बताऊँ तो आप को समझ में आयेगा? कसे सांगू म्हणजे तुम्हाला समजेल?

देखिये साहब, जैसे एक कंपनी का मोनीटर लिया तो दुसरी कंपनी का की बोर्ड, तीसरी कंपनी का मशीन, समझे साहब?
बघा साहेब, जसे एका कंपनीचा मॉनीटर दुसऱ्या कंपनीचा की बोर्ड, तिसऱ्या कंपनीची मशीन.समजले साहेब?

अच्छा, हमें एक अच्छा सेट बना कर दो। बरं, आम्हाला एक चांगला सेट बनवून द्या.

उसके लिये कितना खर्चा आयेगा? त्यासाठी किती खर्च येईल?

कम से कम बत्तीस हजार लग सकते हैं। कमीत कमी बत्तीस हज़ार लागू शकतात

आप उसे चालू कर के दिखायेंगे ना? तुम्ही तो चालू करुन दाखवाल ना?

किस्तों पर खरीद सकतें है क्या? हप्त्याने खरेदी करता यईल ना?

जी हाँ, चालीस प्रतिशत नगद देना होगा होय, चाळीस टक्के नगदीने द्यावे लागतील,

और बाकी के छः समान मासिक किस्तों में देना होगा। आणि उरलेले सहा मासिक हप्त्यात देता येतील.

यह सेट कब तक दे सकते हैं। हा सेट कधीपर्यंत देऊ शकाल?

कल शाम तक सेट आपके घर में होगा। उद्या संध्याकाळ पर्यंत सेट तुमच्या घरी असेल.

27. दवाईयों की दुकान (Medical Shop) औषधांचे दुकान

इस पर्चे में लिखी दवाइयाँ दीजिए। या चिट्ठीत लिहीलेली औषधं द्या.

हमारे पास यह 'एक्स' गोली नहीं है, 'वाई' गोली चलेगी?
आमच्याकडे ही 'एक्स; गोळी नाही, 'वाय' गोळी चालेल?

जो डॉक्टर ने लिखी है वही मुझे चाहिये।
जी डॉक्टरांनी लिहून दिली आहे तीच मला हवी.

कृपया मुझे माफ कीजिये। कृपया मला माफ करा.

हमारे पास माल खत्म हो गया है। आमच्याकडे माल संपला आहे.

कब आयेगा? कधी येईल?

परसों तक आने की आशा है। परवापर्यंत येण्याची शक्यता आहे.

हमें एक दर्द निवारक दवा चाहिये। आम्हाला एक वेदना शामक औषधं हवं.

रोगी की उम्र क्या है? रोग्याचे वय किती आहे?

बडी उम्र के लोगों के लिये चाहिये। मोठ्या माणसासाठी हवं.

हकीम की चिठ्ठी बिना हम दवाइयाँ नहीं बेचते।
डॅक्टरांच्या चिठ्ठी शिवाय आम्ही औषधं देत नाही.

इस बार दे दीजिये। अगली बार मत देना।
या वेळी देऊन टाका. पुढच्यावेळी नका देऊ.

देने को कुछ नहीं मगर कुछ समस्या आई तो जिम्मेवार कौन रहेगा?
द्यायला काहीच हरकत नाही पण काही अडचण आली तर जबाबदार कोण राहील?

आप ने ऐसे माँगना नहीं, हम ने इस तरह बेचना नही।. आपण तसे मागू नये आम्ही तसे विकत नाही.

साहब, हमें एक मरहम दीजिए। साहेब आम्हाला एक मलम द्या.

यह मरहम सिर्फ उपर से लगाने के लिये है। हा मलम फक्त वरुन लावायचा आहे.

वह पता है। ते माहित आहे.

मैंने पिछले महिने एक टॉनिक खरीदा था। मी मागच्या महिन्यात एक टॉनिक घेतले होते.

मुझे वही टॉनिक फिर से दीजिये। मला तेच टॉनिक पुन्हा द्या.

देता हूँ। लेकिन दाम वही नहीं हैं। देतो, पण किंमत तीच नाही.

दे दीजिये, हम क्या कर सकते हैं! देऊन टाका, आम्ही काय करणार!

ऐसे नाराज मत होइए साहब। असे नाराज नका होऊ साहेब.

नाराज नहीं होना तो क्या खुशी से नाचूँ? नाराज नको होऊ तर आनंदाने नाचू?

28. सिटी बस स्टाप (City Bus Stop) सिटी बस स्टॉप

मौलालीला जाने वाली बस कहाँ पर मिलेगी? मौलालीला जाणारी बस कुठे मिळेल?

सीधा जा कर बाईं तरफ मुड़िये। सरळ जाऊन उजवी कडे वळा.

मौलालीला जाने के लिये यही बस स्टाप है क्या? मौलालीला जाण्यासाठी हाच बस स्टॉप आहे?

हाँ, यही है। हो, हाच आहे.

बस कब आयेगी? बस कधी येईल?

लगभग दस मिनिट में आयेगी। जवळ जवळ दहा मिनिटांत येईल.

यहाँ से मौलाली पहूँचने के लिये कितना समय लगता है? इथून मौलाली पोहचायला किती वेळ लागतो?

तीस मिनिट लगते हैं। तीस मीनिटं लागतात.

बसें समय पर आती है या नहीं? बसेस वेळेवर येतात की नाही?

हाँ, आयेगी। हो येईल.

बसें समय पर आईं तो भीड़ नहीं होती हैं। बसेस वेळेवर आल्या तर गर्दी होत नाही.

बसों मे भीड़ अधिक रहती है क्या? बसेसमध्ये गर्दी जास्त असते का?

ऐसा नहीं, पर देर हुई तो क्या होता है? तसे नाही, पण वेळ लागला तर काय होते?

लोग जमा होते रहते हैं या नहीं? लोकं गोळा होऊ लागतात की नाही?

भीड़ ज्यादा हुई तो मुझे ड़र लगता है। गर्दी जास्त असली तर मला भीती वाटते.

ड़रना मत। घाबरु नका.

इस शहर में यह आम बात है। या शहरात हे नेहमीचेच आहे.

मेरे बचपन में इस शहर में डबल डेकर बसें चलती थी। माझ्या लहानपणी या शहरात डबल डेकर बसेस चालायच्या.

वह जमाना बदल गया। तो काळ बदलला.

अब तो वैसी बस देखने के लिये भी नहीं मिलेगी। आता तशी बस पहायलाही मिळणार नाही.

यह आनेवाली बस कौन से मार्ग से जाती है? ही येणारी बस कोणत्या वाटेने जाते?

वह तो टन्क बंड तरफ से होती हुई जायेगी। ती तर टान्क बंड होऊन हाईल.

उस में चढ़े तो बीच में उतरने का मौका मिलता हैं या नहीं?
तिच्यात बसले तर मध्ये उतरायची संधी मिळते की नाही?

नहीं मिलता। नाही मिळत.

क्यों? का?

वह मैट्रो लाइनर है। ती मेट्रो लाइनर आहे.

वह बीच में कहीं भी रुकती नहीं। ती मध्ये कुठेच थांबत नाही.

29. सिटी बस में (In the City Bus) सिटी बसमध्ये

रोको भाई रोको, रोको। थांबवा बाबा, थांबवा, थांबवा.

बस स्टाप वहाँ हैं और बस रोकी यहाँ पर। बस स्टाप तिकडे आहे आणि बस थांबवली इथे.

चढ़ो भाई! चढ़ो, चढ़ो। अंदर आ जाओ। चढा बाबा, चढा, चढा. आत या.

अंदर जगह नहीं है। आत जागा नाही.

जगह नहीं है, बोलते हुए, यहीं खडे मत रहो। जागा नाही म्हणत इथेच ऊभे राहू नका

लेकिन जगह नहीं है, तो क्या करें? पण जागाच नाही तर काय करायचे?

जगह बनाते हूए अंदर आ जाना। जागा करीत आत यायचे.

मैं ऐसा नहीं कर सकता। मला तसे करता येत नाही.

ऐसा है, तो बाजू हट जाइये। तसे असेल तर बाजूला सरका.

हट जाइये, हटो। सरका, सरका.

कहाँ हटना भाई? कुठे सरकू भाऊ?

आप थोड़ा हटें तो मैं अंदर जा सकता हूँ। देखो इधर।
तुम्ही थोडे सरकलात तर मी आत जाऊ शकेन. इकडे पहा.

जरा सा भी मौका है, तो अंदर जाइये। थोडी देखिल जागा असेल तर आत सरका.

हवा भी नहीं आ रही है। वारा पण येत नाहीये.

आगे चलो! आगे चलो! पुढे चला, पुढे चला!

पीछे सीटस् खाली है। पुढे जागा रिकाम्या आहेत.

औरतों की सीटस पर पुरुषों को नहीं बैठना चाहिए। उठो!
स्त्रीयांच्या जागेवर पुरुषांनी बसू नका. ऊठा!

औरतों की इज्जत करनी चाहिये। स्त्रीयांचा मान राखायला हवा.

भाई साब, सेक्रटेरियट आने पर मुझे बताना. भाऊ साहेब, सेक्रेटरीएट आल्यावर मला सांगा.

आने वाला ही है. येणारच आहे.

आपका स्टाप आया, उतरिये। तुमचा स्टॉप आला उतरा.

30. पेड़ और पौधे (Trees and Plants) झाडे–झुडपे

इस गली में एक भी पेड़ नहीं है। या गल्लीत एकही झाड नाही.

गली में तो क्या सड़क पर भी नहीं है। गल्लीतच काय, सडकेवरही नाही.

ऐसा क्यों? असे का?

इनसान की बढती हूई आशाओं की वजह से ऐसा हो रहा है।
माणसाच्या वाढत्या आशांमुळे असे होऊ लागले आहे.

हमें पेड़–पौधे लगाना चाहिये। आपण झाडे–झुडपे लावायला हवीत.

पेड़ हमें साफ हवा देतें है?	झाडं आपल्याला स्वच्छ हवा देतात.

गर्मी के मौसम में घने पेड़ों की छाया में बैठने से मन प्रसन्न हो उठता है।
उन्हाळ्यात घनदाट झाडांच्या सावलीत बसले की मन कसे प्रसन्न होऊन जाते.

पेड़ लगाना एक अच्छी आदत है।	झाडे लावणे एक चांगली सवय आहे.

पेड़ रातोंरात बड़े नहीं होते।	झाडं अचानक एका रात्रीत वाढत नाहीत.

वे धीर–धीरे बढते हैं।	ती हळूहळू वाढतात.

पेड़ लगाना और बढ़ाना हमारी जिम्मेवारी है।
झाडे लावणे आणि त्यांना वाढवणे ही आपली जबाबदारी आहे.

पेड़ और पौधों कि अच्छी रखवाली करना चाहिये।	झाडा–झुडपांचे चांगले रक्षण करायला हवे.

पेड़ और पौधों में पत्ते रहते हैं।	झाडा–झुडपांना पाने असतात.

पत्ते हमें प्राणवायु देते हैं।	पानं आपल्याला प्राणवायु देतात.

प्राणवायु से हमारा श्वसन और स्वास्थ्य अच्छा रहता है।
प्राणवायुमुळे आपले श्वसन आणि आरोग्य चांगले राहते.

पेड़ों पर चढ़ना भी शरीर के लिये अच्छा होता है।	झाडाचर चढणे देखिल शरीरासाठी चांगले असते.

कुछ पेड़ और पौधे हमेशा हरे भरे रहते हैं।	काही झाडं–झुडपं नेहमीच हिरवी गार असतात.

कुछ पेड़ हमें लकड़ी भी देते हैं।	काही झाडांपासून आपल्याला लाकूडही मिळते.

हमें भी हमारे बागीचे में पेड़ और पौधे लगाने चाहिये, और उनका संवर्धन करना चाहिये ।
आपल्यालाही आपल्या बागेत झाडं–झुडंप लावायला हवीत, आणि त्यांचे संवर्धन करायला हवे.

वे हमें जीवन देते हैं।	ते आपल्याला जीवन देतात.

कुछ पेड़ बढ़ कर विशाल वृक्ष बन जाते हैं।	काही झाडं वाढून डेरेदार वृक्ष बनतात.

और कुछ फैलते हैं।	आणि काही पसरतात.

कुछ पेड़ लता की तरह फैलते हैं।	काही झाडं लतेसारखी / वेलीसारखी पसरतात.

31. प्रोत्साहन (Encouragement) प्रोत्साहन

हाय! डेविड कैसे हो?

हाय, डेविड कसा आहेस?

ठीक हूँ।

बरा आहे.

तुम्हारा धंधा कैसा चल रहा है?

तुझा धंदा कसा चाललाय?

अच्छा नहीं चल रहा।

चांगला नाही चालला.

क्या हुआ?

काय झाले?

पहले सिर्फ मेरी ही दुकान थी, तब धंधा अच्छा चल रहा था।
आधी फक्त माझेच दुकान होते, तेव्हा ते चांगले चालायचे.

मेरा धंधा अच्छा चल रहा है यह देखकर और दो तीन लोगों ने वही धंधा शुरु किया।
माझा धंदा चांगला चाललाय हे पाहून, आणखिन दोन तीन लोकांनी तोच धंदा सुरु केला.

इस वजह से मेरा धंधा कम हो गया.

त्यामुळे माझा धंदा कमी झाला.

चिन्ता मत करो।

काळजी करु नको.

भगवान पर भरोसा रखकर कोशिश करते रहो।

देवावर विश्वास ठेवून प्रयत्न करीत रहा.

तुम अच्छा धंधा करने वाले हो। हम आपके साथ है।
तू चांगला धंदा करणारा आहेस.आम्ही तुझ्या सोबत आहोत.

आप जरुर सफल होंगे।

तुम्ही नक्किच यशस्वी व्हाल.

आप जरा भी घबराना मत।

तुम्ही जराही घाबरु नका.

व्यापार में सबको समस्यायें आती है।

यापारात सगळ्यांनाच अडचणी येतात.

वह तो स्वाभाविक है।

ते तर स्वाभाविक आहे.

आप हिम्मत के साथ आगे बढ़िये।

तुम्ही हिंमत ठेवून पुढे चला.

व्यापार के लिये ऋण चाहिये तो हमें कहिये।
व्यापारासाठी कर्ज हवे असेल तर आम्हाला संगा.

बाकि सब कुछ छूट गया तो कोई बात नहीं। — इतर सगळे सुटले तरी हरकत नाही.

लेकिन हिम्मत नही छोड़ना चाहिये. — पण हित सोडता कामा नये.

हिम्मत है, तो नुकसान की भरपाई हो जायेगी। — हिम्मत असली तर नुकसान भरुन निघेल.

आप सही रास्ते पर चल रहे हैं। — तुम्ही योग्य मार्गावर आहात.

32. संवाद (Conversation) संभाषण

खुशी के इस मौके पर आप सबका स्वागत है।
आनंदाच्या या प्रसंगी तुम्हा सर्वांचे स्वागत आहे.

आप को जन्मदिन की शुभकामनायें/बधाइयाँ। — आपल्याला वाढदिवसाच्या शुभेच्छा.

मेरी बधाइयाँ भी स्वीकार कीजिए। — माझ्या शुभेच्छा पण स्विकारा.

साहब, मैं अपने दोस्तों की तरफ से आपका अभिनंदन करता हूँ।
साहेब, मी माझ्या मित्रांतर्फे आपले अभिनंदन करीत आहे.

मुझे विश्वास है कि आप उन्नति की ओर जा रहे हैं।
माझा विश्वास आहे की तुम्ही उन्नतीच्या दिशेने जात आहात.

आपको देखकर बहूत खुशी हुई। — तुम्हाला पहून खूप आनंद झाला.

मैं आपको एक प्रस्ताव देना चाहता हूँ। — मी तुम्हाला एक प्रस्ताव देऊ इच्छितो.

मुझे माफ कर दीजिये। — मला माफ करा.

मेरा मन प्रसन्न नहीं है। — माझे मन प्रसन्न नाही.

हाँ कोई बात नहीं। — हो, काही हरकत नाही.

जिंदगी एक दिन की नहीं होती। — आयुष्य एका दिवसात संपत नाही.

फिर मिलेंगे। — पुन्हा भेटू.

33. परिवार (Family) परिवार/कुटंब

हम सब एक है।
आम्ही सगळे एक आहोत.

ऐसी एकता ही परिवार की नींव है।
अशी एकीच परिवाराचा पाया असते.

पहले जमाने में सम्मिलित कुटुंब व्यवस्था रहती थी।
पूर्वीच्या काळी एकत्र कुटुंब व्यवस्था असायची.

यह व्यवस्था प्यार और अपनापन पर आधारित थी।
अशी व्यवस्था प्रेम आणि आपुलकीवर आधारित होती.

क्योंकि उसमें तीन, चार या पाँच पीढ़ी के लोग एक साथ रहते थे।
कारण त्यात तीन, चार किंवा पाच पीढयांचे लोकं एकत्र रहात.

लेकिन इस नये जमाने में परिवार का अर्थ मैं, मेरी पत्नी और मेरे बच्चे हैं।
परंतू या नव्या काळात परिवार म्हणजे मी, माझी पत्नी आणि माझी मुलं.

इनकी अलावा कोई भी नहीं।
यांच्या शिवाय कोणीच नसते.

आपके परिवार में कौन–कौन रहते हैं?
तुमच्या कुटुंबात कोण कोण असतें?

आपके परिवार में बड़े लोग कितने हैं?
तुमच्या कुटुंबात मोठी माणसे किती आहेत?

वहाँ एक बुढ़ा दिखाई दे रहा है।
त्या तिथे एक म्हातारा माणुस दिसत आहे.

वह हमारे दादाजी हैं।
ते आमचे आजोबा आहेत.

दादाजी अभी भी अमरुद दाँतों से काटकर खाते है।
आजोबा अजूनही पेरु दातांनी खातात.

34. घर (House) घर

घर का मतलब क्या है?
घर म्हणजे काय?

घर का मतलब, एक ही छत के नीचे चार दिवारें और दरवाजों वाला रहने योग्य निवास स्थान नहीं होता।
घर म्हणजे एका छपराखाली चार भिंती आणि दरवाजे असलेले राहण्यायोग्य निवासस्थान नसतं.

घर क्या करता है?
घर काय करते?

घर एक दुजे को आपस में मिलाता है। घर एकमेकांना एकमेकांशी जोडते.

हम सब कि वही पहली पाठशाला होती है। ती आपल्या सगळ्यांची पहिली शाळा असते.

इंट और पत्थरों से बनाई गई हर इमारत निवास योग्य नहीं हो सकती।
वीट आणि दगडांनी बनलेली प्रत्येक इमारत राहण्यायोग्य असू शकत नाही.

उसमें अच्छि वास्तु होनी चाहिये। ती चांगली वास्तु असायला हवी.

आपका अपना घर है या किराये का ?
तुमचे घर स्वतःच्या मालकीचे आहे की भाड्याचे?

अपने घर और किराये के घर में बहुत फरक रहता है।
स्वतःच्या मालकीच्या आणि भाड्याच्या घरात फार फरक असतो.

इसलिये हमारी सरकार सबको मुफ्त या सस्ते दामों पर घर देने कि कोशिश कर रही हैं।
म्हणूनचं आपले सरकार सगळ्यांना मोफत किंवा स्वस्तात घर देण्याचे प्रयत्न करीत आहे.

कहीं भी जाइये, लेकिन अपना घर ही सर्वोत्तम रहता है।   कुठेही गेले तरी आपले घरच सर्वोत्तम असते.

मेरा भी यही मानना है। मी पण असेच मानतो.

35. कार्यक्षमता (Efficiency) कार्यक्षमता

मैंने अगर तुम्हें कुछ काम दिया तो वह तुम कर पाओगे क्या?
जर मी तुम्हाला काही काम दिले तर ते तुम्हाला करता येईल का?

वह कौन सा काम है? ते काम काय असणार आहे?

मैं कुछ भी दे सकता हूँ। मी काहीही देऊ शकतो.

ऐसा मत कहिये। असे म्हणू नका.

कोई भी काम आदमी ही कर सकता हैं। एखादे काम एखादा माणूसच करु शकतो.

हर कोई हर काम नहीं कर सकता। प्रत्येक जण प्रत्येक काम करु शकत नाही.

मैं साईकिल चला सकता हूँ। मगर कार नहीं चला सकता।
तो सायकल चांगल्या प्रकारे चालवु शकतो. पण गाडी चालवू शकत नाही.

यह आदमी पानी में तैर सकता है। मगर वह अच्छी तरह से बात नहीं कर पाता।
हा माणूस पाण्यात पोहू शकतो. पण त्याला नीट बोलता येत नाही.

यह तेलुगु, हिन्दी, अंग्रंजी में अच्छी तरह बात कर सकता है।
हा तेलगु, हिंदी, इंग्रजीत चांगल्या प्रकारे बोलू शकतो.

लेकिन किसी भी भाषा में लिख नहीं सकता। पण कोणत्याही भाषेत लिहू शकत नाही.

इस तरह सब कि कार्यक्षमता एक जैसी नहीं होती।
अशा प्रकारे सगळयांची कार्यक्षमता एक सारखी नसते.

36. वीनती (Request) विनंती

आप मेरी कुछ सहायता कर सकते हैं? आपण मला एक मदत करु शकाल का?

करना तो चाहता हूँ, मगर कर नहीं सकता। करायची इच्छा तर आहे पण करु शकत नाही.

हाथ से नहीं कर सकते तो मुँह से ही कीजिए। हाताने करु शकणार नसाल तर तोंडाने तरी करा.

मैं अब किसी भी तरह नहीं कर सकता। आता मी कोणत्याच प्रकारे करु शकत नाही.

कृपा कर उस आदमी को बुलाइए। कृपा करुन त्या माणसाला बोलवा.

आप थोड़ा झुक सकते हैं क्या? आपण थोडे वाकु शकाल का?

भाई साहब, मेरी फाइल लाइए। भाऊ साहेब, माझी फाईल आणा.

आप वहाँ जा कर एक पार्सल ला सकते हैं? आपण तिथे जाऊन एक पार्सल आणू शकता?

तुम मुझसे एक सच बोल सकतें हो? तुम्ही माझ्याशी एक सत्य बोलू शकाल?

उतनी हिम्मत मुझ मे नहीं है, मुझे जाने दीजिए। तेवढी हिंमत माझ्यात नाही, मला जाऊ द्या.

कृपया मेरी बात सुनिये। कृपया माझे म्हणणे ऐका.

कृपा कर मुझे जाने दीजिए। कृपा करुन मला जाऊ द्या.

37. सलाह (Advice) सल्ला

मुझे आपकी सलाह चाहिये।

मला तुमचा सल्ला हवाय.

क्या हुआ?

काय झाले?

अभी तो कुछ भी नहीं हुआ हैं।

सध्या तरी काही नाही झाले.

लेकिन कुछ ना हो इसलिये आपकी सलाह लेना चाहता हूँ।
पण काही होऊ नये म्हणून तुमचा सल्ला घ्यायचा आहे.

ठीक है।

ठीक आहे.

पैसा चाहते हो तो नही दे सकता।

पैसा हवा असेल तर नाही देता येणार.

लेकिन सलाह चाहे जितनी दे सकता हूँ।

परंतू सल्ला वाटेल तेवढा देऊ शकतो.

यह बात मुझे मालूम है।

ही गोष्ट मला माहित आहे.

कुछ पाना है तो कोशिश करनी पड़ती है।

काही मिळवायचे असेल तर प्रयत्न करायला हवे.

उचित समय का इंतजार भी करना पड़ता है।

योग्य वेळेची वाटही पहावी लागते.

परिक्षा में उत्तीर्ण होने के लिये मेहनत करनी चाहिये।
परिक्षेत उत्तीर्ण होण्यासाठी मेहनत करायला हवी.

अच्छा स्वास्थ्य पाने के लिये योगा करो।

चांगल्या आरोग्यासाठी योगा करा.

38. मन की शांति (Peace of Mind) मनाची शांती

मेरा मन ठीक नही है।

माझे मन ठीक नाही.

मैं कभी भी घबरा जाता हूँ।

मी कधीही घाबरुन जातो.

मैं अच्छा आदमी हूँ।

मी चांगला माणूस आहे.

लेकिन पता नही मेरा मन क्यों ठीक नहीं रहता।
पण का कुणास ठाऊक माझे मन का ठीक नाही रहात.

तुम काम क्या करते हो?

तुम्ही काय काम करता?

कुछ भी नही। काहीच नाही.

तुम्हारी समस्या की जड़ तो यही है। तर मग तुमच्या समस्येचे मुळ हेच आहे.

किसी काम में मन लगा रहता है तो घबराने का मौका ही नहीं मिलता।
कोणत्याही कामात मन रमलेले असले, म्हणजे घाबरायचे कामच रहात नाही.

मन को प्रसन्न रखना है तो हमें सदा हँसते रहना चाहिये।
मनाला प्रसन्न ठेवायचे असेल तर नेहमी हसत रहायला हवे.

गुस्सा नहीं करना चाहिए। राग राग करायचा नाही.

किसी से भी झगड़ना नहीं। कोणाशीही भांडू नये.

मन किसी को भी नहीं दिखता। मन कोणालाही दिसत नाही.

39. तारीफ/प्रसंशा (Praise) स्तुती/प्रसंशा

यह आपने अच्छा किया। हे तुम्ही चांगले केले.

वह अच्छा है। तो चांगला आहे.

वह दृश्य देखकर मैं खुश हुआ। ते दृश्य पाहून मला आनंद झाला.

तुम सच बोलने वाले हो। तुम्ही खरं बोलणारे आहात.

तुम कितने अच्छे आदमी हो। तुम्ही किती चांगले आहात.

वह औरत सुंदर है। ती बाई सुंदर आहे.

मुझे यह बहुत पसंद है। मला हे खूप आवडते.

आप यह काम इतनी जल्दी कैसे कर सके?
तुम्ही हे काम इतक्या लवकर कसे करु शकलात?

आपने जो सेवा की उसे मैं जीवन भर याद करता रहूँगा।
तुम्ही जी सेवा केली त्याची मी आयुष्यभर आठवण ठेवीन.

आप के जैसी बात कोई नहीं कर सकता। तुमच्या सारखे कोणीच बोलू शकत नाही.

भगवान की कृपा से आप मुझे मिल गये।   देवाच्या कृपेने तुम्ही मला भेटलात.

अच्छी तरह बात करने के लिये भी भगवान की कृपा चाहिये।
चांगल्या प्रकारे बोलायला देखिल ईश्वराची कृपा असावी लागते.

40. क्रोध/गुस्सा   (Anger) क्रोध/राग

यह काम तुमने क्यों किया?   हे काम तुम्ही का केले?

यह बोलने वाले तुम कौन होते हो?   हे बोलणारे तुम्ही कोण आहात?

सीधी बात करो।   सरळ बोला.

और कैसी बात करें?   आणखिन कसे बोलावे?

मैं किस तरह बात कर रहा हूँ और तुम किस तरह बात कर रहे हो?
मी कसा बोलत आहे आणि तुम्ही कसे लत आहात?

क्या यह बात करने का तरीका है?   बोलायची ही काय रीत झाली?

मेरी निंदा करते हो?   माझी नींदा करता?

दिमाग नहीं है तो इस तरह से बात मत करो।   डोकं नसल्यासारखे बोलू नका.

मेरा समय बरबाद मत करो।   माझा वेळ वाया घालवू नका.

इस के बारे में आप क्या सोच रहें है यह मेरी समझ में नहीं आ रहा।
या बाबत तुमचा विचार काय आहे, हे मला कळत नाहीये.

धीरे–धीरे समझ में आ जायेगा।   हळू हळू कळेल.

मजाक करना छोड़ो।   थट्टा करायची सोडा.

41. कृतज्ञता (Gratitude) कृतज्ञता

आपने मेरी बहुत सहायता की!   तुम्ही माझी बरीच मदत केली.

तुम दयालु हो।   तुम्ही दयाळू आहात.

उस समय आपने वह सहायता ना की होती, तो आज हम इस हाल में ना होते।
त्यावेळी तुम्ही ती मदत केली नसती तर,आज आम्ही असे नसतो.

मैं आपको नहीं भूल सकता। मी तुम्हाला विसरू शकत नाही.

मैं आपको बता नहीं सकता कि मैं आपका कितना कृतज्ञ हूँ।
मी तुम्हाला सांगू शकत नाही कि मी तुमचा किती ऋणी आहे.

आपके आदारातिथ्य के लिये आभार। तुमच्या आदरातिथ्याबद्दल आभार.

आप मेरे घर आये यही बड़ी बात हैं।
तुम्ही माझ्या घरी आलात हीच मोठी गोष्ट आहे.

आप की सलाह की वजह से मैं मुश्किल में पड़ने से बच गया।
तुमच्या सल्ल्यामुळे मी अडचणीत येता येता वाचलो.

आपकी बातें सुन कर मेरा मन प्रसन्नता से भर गया।
तुमचे बोलणे ऐकून माझे मन प्रसन्नतेने भरुन गेले.

आप के प्रति मेरी कृतज्ञता कैसे व्यक्त करुँ यह मैं समझ नहीं पा रहा।
तुमच्या बद्दल कृतज्ञता कशी व्यक्त करावी हे मला कळत नाही.

42. आह्वान (Invitation) आमंत्रण

परसों मैं एक पार्टी दे रहा हूँ। परवा मी एक पार्टी देत आहे.

उसमें आप जरुर आना। तुम्ही अवश्य या.

पार्टी कहाँ दे रहे हैं? पार्टी कुठे देत आहात?

हमारे घर में। आमच्या घरात.

जगह कम हो जायेगी? जागा पुरेल?

अंदर आइए। आत या.

यहाँ पंखे के नीचे बैठिये। इथे पंख्याखाली बसा.

हम सब कल एक नाटक देखने जा रहे है।
उद्या आम्ही सगळे एक नाटक पहायला जाणार आहोत.

आप भी आयेंगे क्या? — तुम्ही पण याल का?

हम टहलने जाते हैं। — आम्ही फिरायला जातो.

आपको चलना पसंद है क्या? — तुम्हाला चालायला आवडते का?

ऐसी बात नहीं है, लेकिन मुझे कल एक और काम है।
तसेच काही नाही पण उद्या मला आणखिन एक काम आहे.

43. क्षमा (Sorry) क्षमा

मुझे क्षमा करें। — मला क्षमा करा.

मैं नहीं, आप ही मुझे क्षमा करें। — मी नाही, तुम्हीच मला क्षमा करा.

वह सारी गलती मेरी ही थी। — ती सगळी माझीच चूक होती.

मुझे वैसा नहीं करना चाहिये था। लेकिन मुझे वैसा करना पड़ा।
मला तसे करायला नको होते. पण मला तसे करावे लागले.

ठीक है, अब वह सब भूल जाइए। — ठीक आहे, आता ते सगळे विसरुन जा.

मैंने आपको कोई तकलीफ दी हो तो मुझे माफ करना।
मी तुम्हाला काही त्रास दिला असेल तर मला माफ करावे.

कोई बात नहीं, अब उस बारे में मत सोचो।
काही हरकत नाही, आता त्या विषयी विचार करु नका.

मैं सब कुछ माफ/क्षमा करता हूँ। — मी सगळे काही माफ करतो.

44. प्रकृति (Nature) निसर्ग

कितनी मंद हवा चल रही है। — किती मंद मंद वारा वहात आहे.

आकाश नीले रंग का है। — आभाळ/आकाश निळ्या रंगाचे आहे.

आकाश बादलों से भर गया है। — आकाश ढगांनी भरुन गेलेय.

पेडों कि डालियाँ और पत्ते हवा में झुल रहे हैं।
झाडांच्या फांद्या आणि पानं वाऱ्यावर डोलत आहेत.

मेघों ने सूरज को ढ़क दिया है।	मेघांनी सुर्याला झाकून टाकले आहे.
सारी जमीन बारिश से भीग गई है।	सगळी जमीन पावसाने भिजून गेली आहे.
आज बहुत गर्मी है।	आज फार उकडत आहे.
कल पूरी रात भर बारीश गिरती रही।	काल रात्रभर पाऊस पडत होता.

परसों तो मुसलाधार बारिश थी। लेकिन आज तो तेज धूप है।
परवा तर मुसळधार पाऊस होता. पण आज तर कडक उन आहे.

इसलिये पसीना ज्यादा आ रहा है।	म्हणूनच घामही खूप येत आहे.
मुझे मेंढक की टर टर सुननी है।	मला बेडकांचे डराव–डराव ऐकायचे आहे.
इस साल गर्मी बहुत ज्यादा है।	या वर्षी उकाडा खूपच आहे.
बाहर धूप ज्यादा है।	बाहेर खुप उन आहे.

45. वर्षा ऋतु (Rainy Season) पावसाळा/वर्षा ऋतु

मुझे बारिश अच्छी लगती है।	मला पाऊस आवडतो.
बारिश के आते ही झरने बहने लगते हैं।	पाऊस येऊ लागताच झरे वाहू लागतात.
पक्षी पेड़ों पर सोते हैं।	पक्षी झाडांवर झोपतात.
बादलों को देख सकते हैं।	ढगांना पाहू शकता.
इन्द्रधनुष दिख रहा हैं।	इंद्र धनुष्य दिसू लागले आहे.
मुसलाधार बारिश हो रही है।	मुसळधार पाऊस पडत आहे.
पिछले साल ज्यादा बारिश हूई थी।	मागच्या वर्षी जास्त पाऊस झाला होता.
लेकिन इस साल बारिश ज्यादा नहीं होगी।	पण या वर्षी पाऊस जास्त पडणार नाही.

आप क्यों काँप रहे हैं।   तुम्ही का थरथरताय?

मैं पुरा भीग गया हूँ।   मी पूर्ण ओला झालोय.

बारिश कम होने के बाद बाहर जायेंगे।   पाऊस कमी झाल्यावर बाहेर जाऊ.

तुम्हारे पास बर्फ गिर रही है क्या?   तुमच्याकडे बर्फ पडतोय का?

46. ऋतुयें (Seasons) ऋतु

हमारे यहाँ छ: ऋतुयें होती है।   आपल्याकडे सहा ऋतु असतात.

उनमें सबसे पहले आती है वसंत ऋतू।   त्यात पहिला येतो वसंतऋतु.

आखिर में शिशिर आती है। इनके अलावा बाकी के ऋतु हैं, ग्रीष्म, वर्षा, शरद, और हेमंत।
शेवटी शिशिर येतो. या शिवाय इतर ऋतु म्हणजे ग्रीष्म, वर्षा, शरद आणि हेमंत.

श्रीराम नवमी का त्यौहार वसंत ऋतु में आता है।   राम नवमीचा सण वसंत ऋतुत येतो.

वसंत ऋतु में आने वाली उगादी मुझे पसंद है।   वसंत ऋतुत येणारी उगादी मला आवडते.

कोयल गाती है।   कोकिळा गाते.

उस मौसम में सर्दी नहीं रहती।   त्या ऋतुत थंडी असत नाही.

पेड़ और पौधे हरे रहते हैं।   झाडे हिरवी गार असतात.

वसंत ऋतु के बाद ग्रीष्म ऋतु आती है।   वसंत ऋतु नंतर ग्रीष्म ऋतु येते.

इस मौसम में धूप ज्यादा रहती है।   त्या ऋतुत उन जास्त असते.

बदन पर कपडे रखने को मन नहीं करता।   अंगावर कपडे ठेवावेसे वाटत नाहीत.

धूप की वजह से शरीर चिपचिपा और मन चिड़चिड़ा बन जाता हैं।
उन्हामुळे शरीर चिकट आणि मन चिडचिडे बनते.

लेकिन बारिश के मौसम में दिल खुश रहता हैं।   पण पावसाळ्यात मन आनंदित होते.

मेंढक के टर्राने से जीवन मे रंग भर जाता है।   बेडकांच्या डरावण्यामुळे जीवनात रंग भरतो.

47. सांत्वना (Console) सांत्वन

वहाँ क्या शोर मचा है?	तिथे काय गडबड चालली आहे?
वहाँ दो गाडीयों की टक्कर हुई है।	तिथे दोन गाड्यांची टक्कर झालेली आहे.
ओह, भगवान! यह तो बड़े अफसोस की बात है।	अरे देवा! हे तर फार वाईट झाले.
गलती किसकी है?	चूक कोणाची आहे?
इसमें आपका दोष नहीं है।	यात तुमचा काही दोष नाही.
हमें बहुत दुख हुआ।	आम्हाला फार वाईट वाटले.
ईश्वर की मरजी के सामने किसी का कुछ भी नहीं चलता।	देवाच्या मर्जीसमोर कोणाचेच चालत नाही.
यह सूनकर मुझे दुख हुआ।	ते ऐकुन मला वाईट वाटले.
ऐसे में किसी की सहायता काम नहीं आती।	अशा वेळी कोणीच मदत करु शकत नाही

हमें आपसे पूरी सहानुभूति है, लेकिन हम कर भी क्या सकते हैं?
आम्हाला तुमच्याविषयी पूर्ण सहानुभूति आहे. पण आम्ही करु तरी काय शकतो?

हम मजबूर है।	आमचा नाईलाज आहे.

आप जितनी सहायता कर सकते थे, उतनी तो आप ने कर दी।
तुम्ही जितकी मदत करु शकत होता, तितकी तर तुम्ही केलीच.

इस से ज्यादा आप भी कुछ नही कर सकते हैं ।	यापेक्षा जास्त तुम्हीही काही करु शकत नाही.
भगवान सब ठीक करेगा।	देव सगळे चांगले करील.

48. बचपन (Childhood) बालपण

बचपन सबको पसंद है।	बालपण सगळ्यांना आवडते.
उसकी उम्र कितनी है?	त्याचे वय काय आहे?
वह तुमसे छोटा है।	तो तुमच्यापेक्षा लहान आहे.

मैं नहीं मानता। मला नाही पटत.

वह तुम्हारी मर्जी का सवाल है। तुमची मर्जी.

हम दोनों बचपन के दोस्त है। आम्ही दोघं बालमित्र आहोत.

बचपन में तुमने क्या किया मालूम है? लहानपणी तुम्ही काय केले माहीत आहे?

हम तीनों हम उम्र है। आम्ही तीघं एकाच वयाचे आहोत.

उसकी शादी बचपन में ही हो गई हैं। याचे लग्न लहानपणीच झाले.

बचपन की और भी यादें हैं। बालपणीच्या आठवणी आणखिही आहेत.

यह यादें चाह कर भी भूला नहीं जाती। विसरु म्हटले तरी या आठवणी विसरता येत नाहीत.

वह अभी भी ब्रह्मचारी/अविवाहीत है। तो अजूनही ब्रम्हचारी/अविवाहीत आहे.

कोई भी अपना बचपन भूल नहीं सकता। आपले बालपण कोणीच विसरु शकत नाही.

वह अपनी उम्र से छोटा दिखता है। तो वयापेक्षा लहान दिसतो.

बचपन के दिन अच्छे होते हैं। बालपणीचे दिवस चांगले असतात.

49. यौवन/जवानी (Youth) तारुण्य/तरुणपण

यौवन सबको पसंद आता है। तारुण्य सगळ्यांनाच आवडते.

यौवन यानी बीस से चालीस साल की उम्र। तरुणपण म्हणजे वीस ते चाळीस वर्षांपर्यंतचे वय.

यौवन में कोई भी कुछ भी कर सकता हैं। तरुणपणात कोणीही काहीही करु शकतं.

यौवन में आप पाप भी कर सकते हैं, और पुण्य भी कर सकते हैं।
तरुणपणात तुम्ही पापही करु शकता आणि पुण्यही करु शकता.

इसलिये हमें यौवन काल में जागरुक रहना चाहिये।
म्हणुनच आपल्याला तरुणपणात जागरुक रहायला हवे.

सब लोग सदा यौवन में ही रहना चाहते हैं। सगळ्यांना नेहमी तरुणच रहावेसे वाटते.

यौवन काल में हमारे शरीर में शक्ति ज्यादा रहती है। तरुणपणी आपल्या शरीरात शक्ति जास्त असते.

बुद्धि भी खिलती है। बुध्दिपण विकसित होते.

यौवन में शरीर और आँखें चमकती हैं। तारुण्यात शरीर आणि डोळे चमकतात.

देश की आशाएँ सदा युवा पीढ़ी पर ही टिकी रहती है।
देशाच्या आशा कधीही तरुणपिढीवरच केंद्रीत असतात.

यौवन में यह दुनिया बहूत सुंदर लगती है। तारुण्यात हे जीवन खूप संदर वाटते.

दोस्ती या दुश्मनी करने का असली समय यौवन ही होता है।
मैत्री वा शत्रुता करण्याचा खरा काळ तारुण्यच असतो.

यौवन वसंत ऋतु जैसा है। तारुण्य जीवनात वसंतासारखे असते.

इस पवित्र समय को व्यर्थ नहीं गवाना चाहिये। अशा या पवित्र कालखंडाला वाया घालवू नये.

50. बुढ़ापा (Old Age) वृध्दत्व/म्हातारपण

बुढ़ापा यौवन के बाद आता है। म्हातारपण यौवना नंतर येते.

साठ से सौ साल तक की उम्र को बुढ़ापा कहते हैं। साठ ते शंभर वर्षांपर्यंतचे वय म्हणजे म्हातारपण.

बुढ़ापे में शरीर बलहीन हो जाता है। म्हातारपणात शरीर बलहिन होऊन जाते।

शरीर को अनेक रोग पीड़ा देते हैं। शरीराला नाना रोग त्रस्त करतात.

यानि बुढ़ापा एक शाप है? म्हणजे म्हातारपण एक शाप आहे?

मैं ऐसा नहीं कह सकता। मला तसे म्हाणायचे नाही.

बुढ़ापे में बाल सफेद हो जाते हैं। म्हातारपणात केस पांढरे होतात.

बाल गिरते भी हैं। केस गळूही लागतात.

दाँत टूट जाते हैं। दात पडतात.

मगर मन हर बात करना चाहता है। पण मनाला प्रत्येक गोष्ट करावीशी वाटते.

यह सब जानते हैं। हे सगळ्यांनाच माहित असते.

फिर भी कोई छोटी उम्र में मरना नहीं चाहता। तरीही कोणालाही लहान वयात मरावेसे वाटत नाही.

लेकिन आजकल कई लोग यौवन में ही बुढ़े बनतें जा रहे हैं।
परंतू हल्ली अनेक लोकं तरुणपणीच म्हातारे होऊ लागले आहेत.

बुढ़ापा चाहे जितना कष्टदायक क्यों न हो, वह अनुभवों का बड़ा निधि होता है।
म्हातारपण कितीही कष्टप्रद असले तरीही ते अनुभवांचा मोठा साठा असते.

51. योग (Yoga) योगासनं

हर इनसान को हर रोज योग करना चाहिये। प्रत्येकाने दररोज योगासनं करायला हवीत.

सुबह सवेरे योगा करना अच्छा है। सकाळी–सकाळी करायला हवा.

योगा से रोग दूर होते हैं। योगासनांमुळे रोग दूर पळतात.

योगा करने से कोई नुकसान नहीं है। योगासनं करण्याने काही नुकसान होत नाही.

योगा करने से दुर्बल भी बलवान हो जाता है। योगासनं केल्याने दुर्बलही बलवान होऊन जातो.

हर दिन योगा करने से जो भी रोग होगा, वह दूर हो जायेगा।
योगासनं केल्याने कोणताही रोग असला तरी तो दूर होतो.

शरीर में रोगप्रतिकारक शक्ति बढ़ती है। योगासनांमुळे शरीरात रोगप्रतिकारक शक्ती वाढते.

ड़रपोक इनसान में हिम्मत आती है। भेदरट माणसात हिंमत येते.

योगा करने के इतने फायदे है जिसका वर्णन नहीं कर सकते।
योगासनं केल्याने इतके फायदे होतात की ज्यांचे वर्णन करता येत नाही.

बड़ी उम्र के लोग भी योगा कर सकते हैं। वयस्कर लोकही योगासनं करु शकतात.

छोटी उम्र से योगा करना अच्छा होता है। लहान वयापासून योगासनं करणे चांगले असते.

बुरी जिन्दगी योगा से अच्छी बन जाती है। वाईट जीवनही योगासनांमुळे चांगले होऊन जाते.

भाग - 5

PART-5

भाग - 5

पत्र लिखना (Letter Writing) पत्रलेखन

पत्रलिखने के कुछ   नियम व सूचना

पत्र लिखने के कुछ नियम है। उनका पालन किया जाये तो हमारा पत्र लिखने का उद्देश पूरा होगा।

पत्र लिहण्याचे काही नियम आणि सूचना

पत्र लिहीण्याचे काही नियम असतात. त्यांचे पालन केले तर आपला पत्र लिहीण्याचा उद्देश पूर्ण होतो.

नियम 1: मित्र, रिश्तेदार, जान पहचान के लोगों को पत्र लिखते समय पत्र के दायीं तरफ पता लिखना चाहिये. जैसेः

5—12—180 / 2
मंगा पुरम कोलोनी,
हैदराबाद—500040

ता 23 5 12

नियम 1: बंधू, नातलग, परिचित लोकांना पत्र लिहीतांना पत्राच्या उजव्या बाजूला पत्ता लिहीतात. जसे वरील उदाहरणात दिले आहे.

नियम 2: पते के नीचे तारीख लिखनी है।

नियम 2: पत्त्याच्या खाली तारीख लिहीतात.

नियम 3: व्यक्ति के अनुसार संबोधन बदलता है। जैसे, माँ –बाप के लिये पूज्य पिताजी / माताजी तो भाई / बहन के लिये, दोस्तों के लिये प्रिय भाई / बहन / दोस्त

नियम 3: व्यक्ति परत्वे संबोधन बदलते. जसे, आई–वडिल यांच्या साठी पूज्य बाबा / आई तर भाऊ / बहिण / मित्र यांच्यासाठी प्रिय दादा / ताई / मित्र

नियम 4: 1. संदर्भः पत्र किस लिये लिख रहे है यह बताइये।
       2. संदेशः क्या लिखना चाहते है वह बताइये।

नियम 5: 1. संदर्भ : पत्र कशासाठी लिहीत आहात ते कळवा.
       2. संदेश : काय कळवायचे आहे ते लिहावे

उपाध्याय के लिये संबोधन के अनुसार आपका आज्ञाकारी या मित्र
शेवट करतांना संबोधनानुसार आपला आज्ञांकित किंवा मित्र

187

फरियाद पत्र के लिये नियमः **तक्रार पत्रांसाठी नियम**

नियम 1: पत्र कि दायीं तरफ तारीख लिखिये। पत्राच्या उजव्या बाजूला तारीख लिहा.

नियम 2: बाईं तरफ 'सेवा मे'' लिखिये। डाव्या बाजूला 'सेवेत' लिहा

नियम 3: संबोधन 'महोदय' लिखना चाहिए। संबोधन 'महोदय' असे करावे.

नियम 4: मुख्य पत्र में जो लिखना चाहते हैं वह लिखिये। मुख्य पत्रात जे लिहायचे आहे ते लिहा.

नियम 5: अंत में 'आदरणीय' लिख कर उसके नीचे नाम व हस्ताक्षर करने हैं।
शेवटी आदरणीय' लिहून त्याखाली नाव व सही करावी.

नौकरी के लिये आवेदन पत्र **नोकरी साठी अर्ज**

नियम 1. दाईं तरफ जगह का नाम और तारीख उजव्या बाजूला स्थळ आणि तारीक

नियम 2. बाईं तरफ अपना पता लिखना है। डाव्या बाजूला आपला पत्ता लिहावा.

नियम 3. अपने पते के नीचे आप जिन्हें पत्र लिख रहें है वह पता लिखिये।
आपल्या पत्त्याखाली तुम्ही ज्यांना पत्र लिहीत आहात त्यांचा पत्ता लिहावा.

नियम 4. 'माननीय महोदय' संबोधन करें। ''माननीय महोदय'' संबोधन करावे.

नियम 5. मुख्य भाग–आपके द्वारा की गई सूचना, जिस नौकरी के लिये पत्र लिखा है उस का उल्लेख, आपकी योग्यता लिखें

मुख्य भाग– तुमच्या द्वारे केली गेलेली सूचना,ज्या नोकरीसाठी अर्ज करीत आहात तीचा उल्लेख करुन तुमची पात्रता लिहावी.

नियम 6. अंत में 'विश्वासी' लिखकर अपना नाम और हस्ताक्षर करें।
शेवटी 'विश्वासू' लिहून तुमचे नाव व स्वाक्षरी करावी.

अभिनंदन पत्र (Letter of Congratulation) अभिनंदन पत्र

5—12—180 ⁄ 2
मंगापूरम कोलोनी
हैदराबाद 500040
16—1—12

प्रिय मित्र नरेश रेड्डी,

कैसे हो? हम दोनों को मिले काफी समय हो गया है। मैं तुम से मिलना चाहता हूँ, अगर हो सके तो एक बार मेरे घर जरुर आना।

मैंने आज के अखबार में तुम्हारी तसवीर देखी। तुम एक उत्तम अध्यापक बन गये और राष्ट्रीय पुरस्कार से तुम्हारा गौरव किया गया यह जान कर, मुझे बहुत खूशी हुई। मेरा मन प्रसन्न हो गया।

तुम्हारा मित्र

मणिभूषण राय

लिफाफे पर पताः

श्रीमान नरेश रेड्डी

5—12—92, गुलबर्गा, कर्नाटक.

अभिनंदन पत्र (Letter of Congratulation) अभिनंदन पत्र

5—12—180 / 2
मंगा पूरम कोलोनी
हैदराबाद 500040
16—1—12

प्रिय मित्र नरेश रेड्डी

कसा आहेस? आपल्याला भेटून बराच काळ झाला. तुला एकदा भेटायचे आहे. तुला वेळ असेल तेव्हा एकदा माझ्या घरी ये.

आज मी वर्तमान पत्रात तुझा फोटो पाहिला. उत्तम शिक्षक म्हणून तुला राष्ट्रीय पुरस्कार मिळाल्याचे वाचून खूप आनंद झाला. मन प्रसन्न झाले. याबद्दल तुझे अभिनंदन!

तुझा मित्र

मणिभूषण राव

लिफाफ्यावरील पत्ता

श्रीयुत नरेश रेड्डी

5—12—92 गुलबर्गा, कर्नाटक

मित्र को पत्र

राजमहेन्द्री
28–8–12

मेरे प्रिय दोस्त
लक्ष्मण राव

नमस्ते

आशा करता हूँ कि तुम कुशल होगे। तुम्हें याद होगा कि तुमने मुझे राजमहेन्द्री आने के लिये लिखा था। शायद तुम्हे मेरे पास आने का समय नहीं होगा। ठीक है, समय मिलने पर एक बार यहाँ आ जाना।

तुम जानते हो? हमारा शहर बहूत ही प्राचीन है। यह पवित्र गोदावरी नदी के तट पर बसा हुआ है। पुराने समय में यह शहर आन्ध्र प्रान्त कि राजधानी था। लेकिन पहले बहमनी सुल्तान, बाद में अंग्रेजों के आने से धीरे–धीरे इस शहर के टुकड़े टुकड़े हो गये। फिर भी यह शहर आजतक हमारी सांस्कृतिक राजधानी है।

मैं कुछ काम से अगले महीने की 12 तारीख को कोलकाता जा रहा हूँ । हो सके तो तुमसे मिलूँगा। बड़ों को मेरा नमस्कार और छोटों को मेरी ओर से आशिर्वाद कहना।

तुम्हारा मित्र
सुरेश

लिफाफे पर पताः
श्रीमान लक्ष्मण राव
3–10–10 जगदम्बा सेंटर,
विशाखापट्टणम (आं.प्र.)

मित्राला पत्र

राजमहेन्द्री
28—8—12

प्रिय मित्र
लक्ष्मण राव

नमस्ते,

     आशा करतो की तू कुशल असशील. तुला आठवत असेल की तू मला राजमहेंद्री यायला सांगितले होते. कदाचित तुला माझ्याकडे यायला वेळ मिळाला नसेल. ठीक आहे. वेळ मिळेल तेव्हा जरुर ये.

     तुला माहितच असेल की आमचे शहर खूप प्राचिन आहे. ते पवित्र गोदावरी नदीच्या तीरावर वसलले आहे. जुन्या काळी हे शहर आंध्र प्रांताची राजधानी होते. पण आधी बहामनी राजे आणि नंतर इंग्रजांच्या येण्यामुळे हळू हळू या शहराचे तुकडे तुकडे होत गेले. आता देखिल हे शहर म्हणजे आमची सांस्कृतिक राजधानी आहे.

     मी कामानिमित्त 12 तरखेला कलकत्त्याला जाणार आहे. शक्य झाल्यास तुला भेटायला येईन. मोठ्यांना माझा नमस्कार आणि लहानांना आर्शिवाद सांगावा.

तुझा मित्र

सुरेश

पत्रावरचा पत्ता

श्रीमान लक्ष्मण राव
3—10—10 जगदम्बा सेंटर,
विशाखापट्टणम (आं.प्र.)

छूट्टी के लिये आवेदन पत्र (Leave Letter)

विशाखापट्टणम्
2–2–12

सेवा में,

होलीमदर कान्वेंट स्कूल
डाबा गार्डन्स, विशाखापट्टणम

महोदय,

निवेदन है कि मेरे भाई की शादी दिनांक 3–4–12 के दिन सिम्हाचलम में होने वाली है। इस कारण मैं पाँच दिन पाठशाला नहीं आ सकता। अतः मुझे दिनांक 8–4–12 तक पाँच दिन की छुट्टी मंजूर की जाय।

धन्यवाद.

आपका आज्ञाकारी शिष्य
सोमनाथ

रजेसाठी पत्र (Leave Letter)

विशाखापट्टणम
2—2—12

सेवेत सादर,

होली मदर कॉन्व्हेंट स्कुल
डाबा गार्डन्स, विशाखा पट्टणम .

महोदय,

     निवेदन करतो की माझ्या भावाचे लग्न दि. 3—4—12 रोजी सिंहाचलममध्ये होणार आहे. त्यामुळे मी पाच दिवस शाळेत येउ शकत नाही। तरी कृपया मला दि. 8—4—12 पर्यंत पाच दिवसांची सुट्टी मंजूर करण्यात यावी ही विनंती.

आपला आज्ञांधारक
सोमनाथ

पुस्तक मंगवाने के लिये पत्र (Letter of order for Books)

विजयनगर
16–8–12

प्रेषक
शिवकुमार
1–2–125
विजयनगरम–1.

सेवा में,

ओरिएन्ट ब्लॉकस्वान प्रा. लिमिटेड
हैदराबाद–19

प्रिय महोदय,

मुझे निम्नलिखित पुस्तकें वी.पी.पी. के द्वारा भिजवाइए।

1. भारतीय पालन शास्त्र – 2 प्रतियाँ
2. अमलतास (सिरीज) – 3 प्रतियाँ

मैं आपको आश्वासन देता हूँ कि आपका वी.पी.पी. मिलते ही मैं उसका भुगतान कर दूँगा।

धन्यवाद.

आपका
शिवकुमार

पुस्तके मागवण्यासाठी पत्र   (Letter of order for Books)

विजयनगर
16—8—12

प्रेषक
शिवकुमार
1—2—125
विजयनगरम—1.

सेवेत,

ओरिएन्ट ब्लॉकस्वान प्रा. लिमिटेड
हैद्राबाद—19

प्रिय महोदय,

मला पुढील पुस्तके वी.पी.पी.ने पाठवून द्यावीत.

    1. भारतीय पालन शास्त्र   — 2 प्रति

    2. अमलतास (सिरीज)   — 3 प्रति

मी आपल्याला आशवासन देतो की आपल्याकडून वी.पी.पी मिळताच मी पैसे भरेन.

धन्यवाद.

आपला
शिव कुमार

शिकायत पत्र (Complaint Letter)

वरंगल
19–9–12

प्रेषक,

कल्याण
8–8–288, नर्सिंग स्ट्रीट,
वरंगल.

सेवा में,

पुलिस इन्सपेक्टर,
वरंगल.

विषयः वाहन चोरी सम्बन्धी शिकायत

महोदय,

सेवा में निवेदन है कि परसों रात मैं ने अपनी मोटर साईकिल म्युनिसिपल मार्केट के बाहर ताला लगा कर खड़ी की थी। अन्दर थोडी देर मेरा काम करने के बाद मैं लौटा तो मेरी मोटर साईकिल अपनी जगह पर नहीं थी। तलाश करने पर कहीं नहीं मिली। मेरी मोटर साईकिल सुजुकी समुराई 2005 की मॉडेल है और उसका नं. ए.पी 31 एच. 2836 है।

आपसे अनुरोध है कि कृपया इस संबंध में जल्द से जल्द कारवाई करें ताकि मुझे मेरा वाहन वापस मिल सकें। मैं आपका बडा आभारी रहूँगा।

धन्यवाद।

भवदीय

कल्याण

तक्रार अर्ज (Complaint Letter)

वरंगल
19–9–12

प्रेषक,

कल्याण
8–8–288, नर्सिंग स्ट्रीट,
वरंगल.

सेवेत,
पोलीस इन्सपेक्टर,
वरंगल.

विषयः वाहन चोरी संबंधी फिर्याद

महोदय,

सेवेत निवेदन करीत आहे की परवा रात्री मी माझी मोटारसायकल म्युनिसिपल मार्केटच्या बाहेर कुलूप लावून ठेवली होती. आत जाऊन माझे थोडे काम केल्यानंतर परत आलो तेव्हा माझी मोटार सायकल जागेवर नव्हती. शोध घेऊनही कुठेच सापडली नाही. माझी मोटार सायकल सुझुकी समुराई कंपनीची असून तीचा क्र. ए.पी. 31 एच. 2836 असा आहे.

आपणास विनंती आहे की कृपया या विषयी लवकरात लवकर चौकशी करुन मला माझे वाहन परत मिळवून देण्यात यावे. मी आपला आभारी राहीन.

धन्यवाद.

अर्जदार,
कल्याण

आवेदन पत्र (Application)

हैद्राबाद
22—10—12

प्रेषक,
के. अय्याप्पा
2—11—11, एच. बी. कोलोनी,
मौलाली, हैद्राबाद.

सेवा में,

मॅनेजर,
पुस्तक महल, हैद्राबाद.

विषयः मार्केटिंग एक्जिक्यूटिव पद के लिये आवेदन पत्र।

महोदय,

समाचार पत्रों में दिये गये विज्ञापन के अनुसार मुझे पता चला है कि आपके कार्यलय में मार्केटिंग एक्जिक्युटिव के चार पद खाली है। मैं अपने आप को इस पद के योग्य समझता हूँ इस लिये यह आवेदन पत्र भेज रहा हूँ। मेरी योग्यताएँ इस प्रकार है:

1. अध्ययन : बी. कॉम
2. भाषाओं का ज्ञानः तेलुगु, हिन्दी और अंग्रेजी
3. अनुभवः मार्केटिंग के क्षेत्र में दो साल काम किया है।

मैं आपको विश्वास दिलाता हूँ कि आपने इस पद के लिये मेरा चयन किया तो मैं पूरी निष्ठा के साथ अपना काम करूगा।

धन्यवाद।

आपका विश्वासू

के. अय्याप्पा

नोकरी साठी अर्ज (Application)

हैद्राबाद
22—10—12

प्रेषक,
के. अय्याप्पा
2—11—11, एच. बी. कॉलनी,
मौलाली, हैद्राबाद.

सेवेत,

मॅनेजर,
पुस्तक महल, हैद्राबाद.

विषयः मार्केटिंग एक्झिक्यटिव्ह पदासाठी अर्ज.

महोदय,

वर्तमान पत्रातील जाहिरातींवरुन मला समजले आहे की आपल्या कार्यालयात मार्केटिंग एक्झिक्युटिव्हची चार पदे रिक्त आहेत. मी स्वतःला त्या पदासाठी योग्य समजतो म्हणून हा अर्ज करीत आहे. माझी पात्रता पुढील प्रमाणे आहे.

1. शिक्षण : बी. कॉम.
2. येत असलेल्या भाषा : तेलुगु, हिंदी आणि अग्रेजी
3. अनुभव : मार्केटिंग क्षेत्रात दोन वर्ष कामाचा अनुभव.

धन्यवाद.

आपला विश्वासू,

के. अय्याप्पा.

भाग — 6

PART - 6

भाग — 6

व्याकरण सहित हिन्दी –मराठी बोलना सीखें स्क्रीप्ट
Learn Marathi Hindi through Hindi Script - Grammatical Way
व्याकरणा सहित हिंदी–मराठी बोलायला शिका स्क्रीप्ट

प्रिय मित्रों,

अनेकता में एकता संमझने वाले भारत देश कि राज्यसूची अनुसार भारत में 16 से 17 भाषाऐं बोली जाती है। राष्ट्र कि भाषा सूची में कितनी भाषाओं का समावेश करते आया यह कहना मुश्किल है। मानव समाजशील है, इसलिये वह दुसरों के साथ ही रह सकता है। समाज बदल रहा है, इसलिये व्यक्ति जो भाषा बोल सकता है, उसी प्रांत में रहा तो वह यशस्वी नही हो सकता। इसलिये हमें सबके साथ मिल जुल कर रहना चाहिये।हमें हमारी भाषा के अलावा और भी भाषाऐं बोलनी चाहिये। इसलिये हम कुछ अभ्यास के द्वारा मराठी भाषा समझने का प्रयत्न करने वाले है।

अभ्यास :1 अभिवादनः किसी से भी मिलते समय या कोई भी कार्य करते समय शुभ बोलना चाहिये। क्यों कि उससे सामने वाली व्यक्ती को खुशी होती है। हम उनके बारे में जैसा सोचते है, वे भी हमारे बारे में वैसा ही सोचते हैं। इस प्रकार एक शुभ वातावरण निर्माण होता है। नीचे दिये गये कुछ वाक्यों को ध्यानपूर्वक पढिये।

1. नमस्ते / नमस्कार	नमस्ते / नमस्कार
2. शुभ रात्रि	शुभ रात्री
3. फिर मिलेगें	पुन्हा भेटू
4. अलविदा	या
5. क्या हाल है?	कसे चालले आहे?
6. कुछ नहीं, बस ठीक है।	काही नाही, बस ठीक आहे.
7. आपसे मिलकर खुशी हूई।	तुम्हाला भेटून आनंद झाला.
8. यह मेरा सौभाग्य है।	हे माझे सद्भाग्य आहे.
9. नये साल की शुभकामनायें।	नव्या वर्षाच्या शुभेच्छा.
10.ईद मुबारक	ईद मुबारक

किसी काम में विजय प्राप्त करनें वाले अथवा छोटे बच्चों को आर्शीवाद देते हुए कहते हैं:

11. जीते रहो। आर्शिवाद चिरंजीव।	आर्शीवाद, चिरंजीव व्हा.

ध्यान में रखें

जब हम बात करते हैं तब हमारी जबान के साथ हमारी स्वर–पेटी, दॉत, होठ, ऑखें, मस्तक और कान भी काम करते हैं। इन अवयवों के साथ प्रयत्न करने पर ही हम अच्छी तरह बोल पातें हैं। इसलिये जोर से बोलना या पढना यही किसी भाषा को सीखने का सही तरीखा है। जिस तरह तैरना सीखने के लिये पानी में उतर कर हात–पॉव चलाने पड़ते है, उसी तरह मराठी भाषा बोलने के लिये आदत डालनी पड़ती है।

शिष्टाचार (Courtesy)शिष्टाचार

1. कृपया बैठिये	कृपया बसावे.
2. कृपया प्रतीक्षा करें	कृपया प्रतीक्षा करावी
3. कृपया माफ कीजिये	कृपया माफ करा
4. मैं आपको थोड़ा कष्ट दे रहा/रही हूँ	मी तुम्हाला थोडा त्रास देत आहे.

अनुरोध/विनती (Request) विनंती

1. आज्ञा दीजिये	आज्ञा द्या
2. कृपया हस्ताक्षर कीजिये	कृपया हस्ताक्षर/सही करा
3. कृपया अंदर आइये	कृपया आत या
4. ऐसा ना करें	असे करु नये
5. मैं आपकि सह्रदयता के लिये आभारी हूँ।	आपल्या सह्रदयतेबद्दल मी आभारी आहे.

आज्ञाएँ (Orders) आज्ञा

1. मेरे आने तक यहीं रुकिये/इंतजार कीजिये।	मी येईपर्यंत इथेच थांबा/वाट पहा.
2. इन पत्रों को भेज दीजिये।	जी पत्रे पाठवून द्या.
3. यह किताबें सम्भालकर रखिये।	ही पुस्तके सांभाळून ठेवा.
4. ऐसा मत करो।	असे करु नका.
5. हमारे लिये एक कप चाय लाइए।	आमच्यासाठी एक कप चहा आणा.

अनुमति (Permission) अनुमति/परवानगी

1. क्या आप मेरे साथ आ सकते हैं?	तुम्ही माझ्या सोबत येऊ शकता का?
2. आप मुझे अंदर आने देंगे?	तुम्ही मला आत येऊ द्याल?
3. क्या आप मेरे साथ बात कर सकते हैं?	तुम्ही माझ्याशी बोलू शकता का?
4. कृपया आप मुझे एक किताब देंगे?	तुम्ही मला एक पुस्तक द्याल?

अभ्यास 2: मित्रों, अभ्यास क्र. 1 में हमने आदर देना, विनती करना, आज्ञा देना, परवानगी लेना इस बारे में कुछ वाक्य समझ लिये।अब हम सांत्वना देने जैसे कुछ भाव समझ लेने वाले है। उन्हें ठीक से समझ कर बात करने सीखेगें। आपके कोई मित्र आप पर हसते है या आपका मजाक उडाते है तो उनकी तरफ ध्यान मत दीजिये। कोई भी काम हस कर किया जाये तो वह सफल होता है यह बात मत भूलिये।

सांत्वना (Console) सांत्वना

1. हे भगवान!	अरे देवा!
2. यह शरम कि बात है!	ही लाजीरवाणी बाब आहे.
3. यह अफसोस कि बात है।	ही खेदाची बाब आहे.
4. आप फिजूल में परेशान हो रहे है।	तुम्ही उगाच काळजी करीत आहात.
5. तुम चुपके से क्यों रोते हो?	तुम्ही चुपचाप का रडता?
6. इस मे चिंता करने कि कोई बात नही।	यात काळजी करण्यासारखे काही नाही.
7. घबराइए मत।	घाबरू नका.
8. मुझे आप पर यकीन/विश्वास है।	मला तुमच्यावर भरोसा/विश्वास आहे.
9. सब ठीक हो जायेगा।	सगळे ठिक होईल.
10.भगवान पर भरोसा रखो।	देवावर विश्वास ठेवा.
11.हमें आपसे सहानुभूति है।	आम्हाला तुमच्याबद्दल सहानुभूति वाटते.

गुस्सा / नाराजगी (Anger) राग / नाराजगी

1.आप काम जल्दी नहीं कर सकते क्या?	तुम्ही काम लवकर करु शकत नाही का?
2.तुम तुम्हारी बात को महत्व देते नहीं क्या?	तुम्हीच तुमच्या बोलण्याला महत्व देत नाही?
3.मैं तुम्हें कभी भी माफ नही कर सकता।	मी तुला कधीच माफ करु शकणार नाही.
4.तुम हर बात मजाक में लेतें हो।	तुम्ही सगळे थट्टेवारी नेता.

क्षमा (Sorry) क्षमा

1. यह गलती से हो गया।	हे चुकून झाले
2. ऐसा सबके साथ होता है।	असे सगळ्यंच्या बाबतीत घडते.
3. तुम्हें तकलीफ देनी पडी इस बात का खेद है।	तुम्हाला त्रास द्यावा लागला याचा खेद वाटतो.
4. अनजाने में ऐसा हो गया।	नकळत तसे घडले.
5. मैं मानता हूँ कि वह मेरी गलती थी।	मी मान्य करतो की ती माझी चूक होती.
6. इस में आप की कोई गलती नहीं।	यात तुमची काहीच वूक नाही.
7. फिर भी मैं शर्मिंदा हूँ।	तरीह मी लज्जीत आहे.
8. इस में लज्जित होने कि कोई बात नहीं।	यात लज्जीत होण्यासारखे काहीच नाही.
9. तुम अपना वादा भूल गये क्या?	तुम्ही कबूल केलेले विसरलात का?
10.मुझे माफ कीजिये।	मला माफ करा.

अभ्यास 3: मित्रों, आप जानते है कि जो हमें शत्रुता से नही मिल सकता वह हम प्रेम से प्राप्त कर सकते हैं। किसी से स्नेह, आदर और सद्भाव के साथ बात कर के ही हमारे संबंध दृढ होते हैं, हमारा काम आसान हो जाता है। इसलिये हमारा कार्य सफल करने के लिये हमें इन बातों कि आदत डालनी चाहिये।

काम जल्दी से करवाने के लियेः	जरा जल्दी कीजिये।	जरा लवकर करा.
काम धीरे से करवाने के लिये :	धीरे धीरे कीजिये।	हळू हळू करा,

काम आराम से करवाने के लिये:	आराम से कीजिये।	सावकाश करा.
आपका कहना औरों ने सुनना इस के लिये:	सुनिए, सुनिए।	ऐका, ऐका.
किसी कि मदत मॉगने के लिये:	थोडी मदद कीजिये।	थोडी मदत करा.
किसी से जबरन मदत मॉगनी हो:	मदत करो।	मदत करा।
किसी को आदर पूर्वक बैठने के लिये	कृपया बैठिये।	कृपया बसा.
किसी को उनकि बात कहलवाने के लिये:	फरमाइए।	बोला।
किसी से खास बात याद रखने के		
लिये कहना हो तो:	याद कर लो	लक्षात ठेवा/पाठ करा

अभ्यास 4: मित्रो हम हर रोज सबसे मिलते है तो आदर के साथ नमस्कार करते हैं। उनसे उनकि कुशलता पूछते हैं और उनके प्रश्नो का जवाब देते हैं। नीचे दिया गया अभ्यास ध्यान से पढिये और उसे आत्मसात कीजिये।

किसी से मिलने पर:	कैसे है/हो?	कसे आहात?
किसी के पुछने पर:	ठीक हूँ ।	बरा/चांगला आहे.
व्यक्ती कहॉ जा रहा हे यह		
पुछने के लिये:	कहॉ जा रहे हो?	कुठे चाललात?
जवाब देने के लिये:	कहीं नही, बस इधर ही।	कुठे नाही, बस इकडेच.
वह व्यक्ती अकेला क्यों जा रहा है यह जानने के लिये:	अकेले क्यों जा रहे हो/हैं?	एकटेच का चाललात?

अभ्यास 5: अभी तक हमने समझ लिया कि अलग–अलग स्थानों पर कैसे बोलना चाहिये और कैसे जवाब देना है। अब थोडा आगे जायेगें। आप तो जानते है कि ताली एक हाथ से नही बजती, उसी तरह संभाषण भी एक अकेला व्यक्ती नही कर पाता. अब हम कुछ संभाषण देखने जा रहे हैं, जिसका आरंभ देवालय (मंदिर) में होने वाले संभाषण से करेंगे ।

संभाषण 1:

मॉ–बेटे दरमियान होने वाला संभाषणः

भास्करः मॉ, मैं मंदिर जा रहा हूँ। — आई, मी देवळात चाललोय.

मॉ : ठीक है। — बरं।

भास्कर : भाई साहब, मंदिर कहॉ है? — भाऊ साहेब, मंदिर कोठे आहे?

अनजान व्यक्तिः सीधा जा कर दाईं तरफ मुड़ जाइये। — सरळ जाऊन उजवी कडे वळा.

गुरुजी : पैर धोकर अंदर आइए। — पाय धुवून आत या।

गुरुजी : तीन बार भगवान को प्रदक्षिणा कीजिए। — तीनदा देवाला प्रदक्षिणा घाला.

भास्कर : प्रदक्षिणा कर लिया पंडित जी। — प्रदक्षिणा घातली गुरुजी.

गुरुजी : आप अपने साथ जो लायें है, वह सब इस थाली में रखिये।
तुमच्या सोबत जे आणले आहे ते या ताटात काढून ठेवा.

भास्कर : मेरे पिताजी के नाम से पूजा करनी है। — माझ्या वडिलांच्या नावाने पूजा करायची आहे.

गुरुजीः मैं जैसा बोलता हूँ, वैसा ही आप बोलिये। — मी जे म्हणतो ते तुम्ही म्हणा.

भास्कर : ठीक है, पंडित जी। — ठिक आहे गुरुजी।

गुरुजी : आरति लीजिए। — आरत घ्या.

संभाषण 2 :
कार्यालय में होनेवाला संभाषणः

विरेंद्र : शुभ प्रभात साहब। — शुभ प्रभात साहेब.

मैनेजरः शुभ प्रभात! — शुभ प्रभात.

विरेंद्र : क्षमा कीजिए, साहब, थोड़ी देर हो गई। — क्षमा करा साहेब, थोडा उशिर झाला.

मैनेजरः ठीक है। कल का काम कहॉ तक हुआ? — बरं, कालचं काम कुठवर आलं?

विरेंद्र : आधा हो गया साहब, बाकि बचा अभी करता हूँ। — अर्धे झाले साहेब, उरलेले आत्ता करतो.

मैनेजरः जल्दी करो। बहुत देर हो गई।   लवकर करा, फार उशीर झाला.

विरेंद्र : कल ही पूरा करने कि कोशिश की साहब, मगर बिजली नही थी।
          कालच पूर्ण करण्याच प्रयत्न केला साहेब, पण वीजच नव्हती.

मैनेजरः बिजली नही थीं तो बिजली वालों को फोन करना था।   वीज नव्हती तर त्यांना फोन लावायचा.

विरेंद्र : साहब, अब काम होने के बाद क्या करना है?   साहेब, हे काम झाल्यावर काय करायचे आहे?

मैनेजरः दिल्ली फोन लगा कर हमारी ओर से काम पूरा होने का समाचार दे देना।
          दिल्लीला फोन लावून आमच्याकडून काम पूर्ण झाल्याचे कळवा.

संभाषण 3:
शाम घर जाते समय रस्ते के किनारे बैठे भजिये बेचने वाले से होने वाला वार्तालाप :

शिव :   एक प्लेट मिरची भजीये देना।   एक प्लेट मिर्ची भजे द्या.

भजियेवाला : एक प्लेट मिरची भजीये सोलह रुपये के हैं साहब।
             एक प्लेट मिर्ची भजे सोळा रुपयांत आहेत साहेब.

शिव :   एक प्लेट में कितने भजिये आते?   एका प्लेट मध्ये किती भजे येतात?

भजियेवाला : चार आयेगें।   चार येतील.

शिव :   ठिक है। दे दो।   बरं द्या.

भजियेवाला : पकौडी भी गरम है साहब।   कांदा भजी पण गरम आहेत साहेब.

शिव :   पकौडी गरम है, मगर उनका रंग अच्छा नही है।
             कांदा भजी गरम आहेत, पण त्यांचा रंग चांगला नाही.

भजियेवाला : रंग मत देखो साहब, स्वाद देखो।   रंग नका पाहू साहेब, चव पहा

शिव :   बटाटा भजिये, बैंगन भजिये, अंडा भजिये भी एक–एक प्लेट पार्सल करो।
             बटाटे भजी, वांग्याची भजी, अंडा भजी पण एक एक प्लेट पार्सल द्या.

भजियेवाला : हमारे भजिये एक बार खाये तो हर कोई बार–बार यहीं आता है।
             आमची भजी एकदा खाल्ली तर कोणीही पुन्हा पुन्हा इथेच येतो. त्यांची चवच

             उनका स्वाद ही ऐसा है साहब।   तशी आह साहेब.

संभाषण:4

हाल ही में प्रदर्शित हुई सिनेमा के बारे में संभाषण:

शरद : यह सिनेमा कैसा है, मालूम है? हा सिनेमा कसा आहे, माहित आहे?

भारत : दीवारों पर लगे पोस्टर्स देखकर तो अच्छा होगा ऐसा लगता है।
भितीवरील पोस्टर्स पाहून तर चांगला असावा असे वाटते.

शरद : कुछ टिकटें मिल सकती है? काही तिकीटे मिळू शकतील?

भारत : बाल्कनी सिवाय सब टिकटें बिक गई। बाल्कनी शिवायची सगळी विकली गेली

शरद : कृपया तीन टिकट देंगें? कृपया तीन तिकीटं द्याल?

भारत : लोग कह रहे हैं कि यह सिनेमा बहूत अच्छा है। लोकं म्हणत आहेत की हा सिनेमा फार छान आहे.

शरद : लोग बोल रहे है, तो अच्छा ही होगा। लोकं म्हणत आहेत तर चांगलाच असेल.

भारत : वैसा नहीं है। इसमें कई अभिनेता और अभिनेत्रियाँ हैं।
तसेच काही नाही, यात अनेक अभिनेते आणि अभिनेत्र्या आहेत.

शरद : वह तो ठीक है, लेकिन कहानी मुख्य है। ते तर ठिक आहे पन कथा मुख्य असते.

भारत : इसकी कथा भी अच्छी है, यह एक पुरस्कार पानेवाला पारिवारिक सिनेमा है।
याची कथाही चांगली आहे. ही एक पुरस्कार प्राप्त पारिवारिक सिनेमा आहे.

संभाषण : 5

मित्रों अब हॉटेल में होने वाला संभाषण देखेगे।

वेटर: साहब, आपको क्या चाहिये? साहेब, आपल्याला काय हवे?

सोमनाथ :नाश्ते के लिये क्या है? नाश्त्यासाठी काय आहे?

वेटर : इडली, दोसा, पूरी। इडली, डोसा, पूरी.

सोमनाथ :एक प्लेट पूरी लाना। एक प्लेट पुरी आणा.

वेटर : यह लीजिए साहब। हे घ्या साहेब.

सोमनाथ :पूरी गरम नही हैं।	पूरी गरम नाही.
वेटर : मौसम ठंडा है साहब, इसलिये ऐसा है।	वातावरण थंड आहे साहेब, म्हणून
सोमनाथ :चाय कैसी है? ठंडी या गरम?	चहा कसा आहे? थंड की गरम?
वेटर : संदेह नहीं साहब, एकदम गरम है।	शंकाच नाही साहेब, एकदम गरम आहे.
सोमनाथ :अच्छा, तो एक चाय लाओ।	बरं, मग एक चहा आणा.

संभाषण : 6

मित्रों, अब पुस्तक की दुकान में होने वाला संभाषण देखेगे।

श्याम : क्या आपके पास वी. एण्ड एस. पब्लिशर्स की किताबें मिलती है?
तुमच्याकडे वि. ॲन्ड एस. प्रकाशनाची पुस्तकं मिळतात?

विक्रेता :मिलती हैं साहब।	मिळतात साहेब.
श्याम : हिन्दी सीखने के लिये कोई किताब है?	हिंदी शिकण्यासाठी एखादे पुस्तक आहे?
विक्रेता :यह लीजिए साहब।	हे घ्या साहेब.

श्याम : क्या आप कह सकतें है कि यह एक उपयुक्त किताब है?
तुम्ही सांगू शकाल का कि हे एक उपयुक्त पुस्तक आहे?

विक्रेता :इसकि बड़ी बिक्री हो रही है साहब,फटाफट बिक रही है।
याची फार मोठी विक्री होत आहे साहेब, पटापट विकले जात आहे.

श्याम : मुझे विश्वास है कि आप सच बोल रहे हैं। माझा विश्वास आहे की तुम्ही खरं बोलत आहात.

संभाषण : 7

अब हम एक डॉक्टर और रोगी के दरमियान कैसे संभाषण होता है वह देखेंगे।

रोगी : डॉक्टर साहब, मेरा सिर दर्द कर रहा है।	डॉक्टर साहेब, माझं डोकं दुखत आहे.
डॉक्टर :कब से दर्द है?	कधी पासून दुखत आहे?

रोगी : एक हफ्ते से है साहब, कभी दर्द होता है तो कभी रुक जाता है।
एका आठवड्य पासून आहे, साहेब, कधी दुखतं तर कधी थांबतं.

डॉक्टर: क्या आपको सिर्फ सिरदर्द है या और कोई भी तकलीफ है?
तुमचं फक्त डोकंच दुखतं की आणखिनही काही त्रास होतो?

रोगी : मेरी तबियत ही आजकल ठीक नहीं रहती साहब।
माझी तब्येतच हल्ली बरी रहात नाही, साहेब.

डॉक्टर: ठीक नही रहती का क्या मतलब?   बरी रहात नाही म्हणजे काय?

रोगी : थोड़ा काम करते ही थकावट महसूस होती है।   थोडे काम केले की लगेच थकायला होते.

डॉक्टर: मैं आपको कुछ गोलियाँ देता हूँ. उससे ठीक हो जायेगा।
मी तुम्हाला काही गोळ्या देतो, त्यामुळे बरं वाटेल.

REGIONAL LANGUAGE TITLES
(क्षेत्रीय भाषा)

Learning Courses

(Telugu) (Telugu) (Marathi)

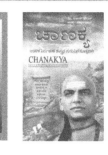

(Odia) (Odia)

KANNADA LANGUAGE

BODY Language

TAMIL LANGUAGE

Coming Soon

BANGLA LANGUAGE

SELF-HELP/PERSONALITY DEVELOPMENT
(आत्म–सुधार/व्यक्तित्व विकास)

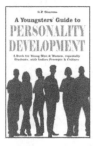

SELF IMPROVEMENT
(आत्म विकास)

ENGLISH IMPROVEMENT
(अंग्रेजी सुधार)

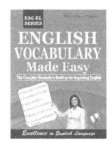

STRESS MANAGEMENT (तनाव मुक्ति)

All books available at www.vspublishers.com

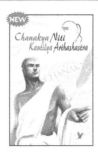

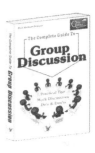

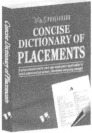

V&S OLYMPIAD SERIES FOR CLASSES 1-10

MATHS OLYMPIAD (CLASS 1-10)

ISBN : 9789357940504   ISBN : 9789357940511   ISBN : 9789357940528   ISBN : 9789357940535   ISBN : 9789357940542

ISBN : 9789357940559   ISBN : 9789357940566   ISBN : 9789357940573   ISBN : 9789357940580   ISBN : 9789357940597

SCIENCE OLYMPIAD (CLASS 1-10)

ISBN : 9789357940405   ISBN : 9789357940412   ISBN : 9789357940429   ISBN : 9789357940436   ISBN : 9789357940443

ISBN : 9789357940450   ISBN : 9789357940467   ISBN : 9789357940474   ISBN : 9789357940481   ISBN : 9789357940498

CYBER OLYMPIAD (CLASS 1-10)

ISBN : 9789357942102   ISBN : 9789357940603   ISBN : 9789357940610   ISBN : 9789357940627   ISBN : 9789357940634

ISBN : 9789357940641   ISBN : 9789357940658   ISBN : 9789357940665   ISBN : 9789357940672   ISBN : 9789357940689

ENGLISH OLYMPIAD (CLASS 1-10)

ISBN : 9789357940696   ISBN : 9789357940702   ISBN : 9789357940719   ISBN : 9789357940726   ISBN : 9789357940733

ISBN : 9789357940740   ISBN : 9789357940757   ISBN : 9789357940764   ISBN : 9789357940771   ISBN : 9789357940788

OLYMPIAD ONLINE TEST PACKAGE (CLASS 1

ISBN : 9789357941754   ISBN : 9789357941761   ISBN : 9789357941778   ISBN : 97893579

ISBN : 9789357941792   ISBN : 9789357941808   ISBN : 9789357941815   ISBN : 97893579

OLYMPIAD ONLINE TEST PAC CLASS 1-10 with CD with Activation Vou web Portal: www.vsexampre

ISBN : 9789357941839   ISBN : 9789357941846

OLYMPIAD COMBO PACK (4 BOOK SET)

ISBN : 9789357942003   ISBN : 9789357942010   ISBN : 9789357942

ISBN : 9789357942034   ISBN : 9789357942041   ISBN : 9789357942

ISBN : 9789357942065   ISBN : 9789357942072   ISBN : 97893579

CLASS 1-10 ENGLISH, MAT CYBER, SCIENCE OLYMPI 4 BOOKS SAVER COMBO P

ISBN : 9789357942096

STUDENT LEARNING/QUIZ/POPULAR SCIENCE/BIOGRAPHIES

ISBN : 9789357941310 ISBN : 9789357941495 ISBN : 9789381384053 ISBN : 9789381384060 ISBN : 9789381384121 ISBN : 9788122310924 ISBN : 9789381588468 ISBN : 9789381588604 ISBN : 978935057049

ISBN : 9789350570470 ISBN : 9789350570487 ISBN : 9789350570500 ISBN : 9789350570586 ISBN : 9789350571248 ISBN : 9789350571248 ISBN : 9789350571743 ISBN : 9789381384299 ISBN : 978938144805

ISBN : 9789381384305 ISBN : 9789381384954 ISBN : 9789381588819 ISBN : 9789350570371 ISBN : 9789350570388 ISBN : 9789350570395 ISBN : 9789350570401 ISBN : 9789350570364 ISBN : 97893815884

ISBN : 9789381448977 ISBN : 9789381384459 ISBN : 9789381384930 ISBN : 9789350571682 ISBN : 9789381588864 ISBN : 9789381588673 ISBN : 9789350570111 ISBN : 9789381384312 ISBN : 978938158 86

ISBN : 9789350570258 ISBN : 9789350570227 ISBN : 9789381588499 ISBN : 9789381588338 ISBN : 9789381588345 ISBN : 9789381448656 ISBN : 9789381384558 ISBN : 9788192079639 ISBN : 978935057 1

ISBN : 9789350571026 ISBN : 9789350571033 ISBN : 9789350571040 ISBN : 9789350571057 ISBN : 9789350570999 ISBN : 9789350571002 ISBN : 9789350571064 ISBN : 9789350571071 ISBN : 978935057 1

ISBN : 9789350571101 ISBN : 9789381588321 ISBN : 9789381588307 ISBN : 9789381588567 ISBN : 9789350571163 ISBN : 9789350570517 ISBN : 9789381384183 ISBN : 9789381448625 ISBN : 978938138

ISBN : 9789381384190 ISBN : 9789381448793 ISBN : 9789381588192 ISBN : 9789381588802 ISBN : 9789381588970 ISBN : 9789350570777 ISBN : 9789381448427 ISBN : 9789350570555 ISBN : 97893505

All Books Available on Flipkart, Amazon, Infibeam, Snapdeal, Shopcluse • marketing@vspublishers.com

FUN. FACT & MAGIC/TALES & STORIES/LEISURE READING

SBN : 9788192079660 | ISBN : 9788192079677 | ISBN : 9789381588659 | ISBN : 9789381588840 | ISBN : 9789381588857 | ISBN : 9789381588871 | ISBN : 9789381588888 | ISBN : 9789381384336 | ISBN : 9789381448069

SBN : 9789381448090 | ISBN : 9789381448083 | ISBN : 9789381384343 | ISBN : 9789381448076 | ISBN : 9789381448809 | ISBN : 9789381448885 | ISBN : 9789350571248 | ISBN : 9789350570210 | ISBN : 9789381384329

SBN : 9789381448229 | ISBN : 9789381448236 | ISBN : 9789350570227 | ISBN : 9789381588697 | ISBN : 9788192079608 | ISBN : 9789350571644 | ISBN : 9789381588734 | ISBN : 9789350570180 | ISBN : 9789381448168

BN : 9789381588314 | ISBN : 9789381588260 | ISBN : 9788192079691 | ISBN : 9789381588291 | ISBN : 9789381588956 | ISBN : 9789350570852 | ISBN : 9789350570906 | ISBN : 9789350570838 | ISBN : 9789350570883

SBN : 9789350570845 | ISBN : 9789350570890 | ISBN : 9789350570869 | ISBN : 9789350570913 | ISBN : 9789350570821 | ISBN : 9783950570876 | ISBN : 9789350570920 | ISBN : 9789350570937

(also available in Hindi)

BN : 9789381588987 | ISBN : 9789350570005 | ISBN : 9789350570012 | ISBN : 9789350570029 | ISBN : 9789381588994 | ISBN : 9789350570036 | ISBN : 9789350570043 | ISBN : 9789350570050 | ISBN : 9789381588406

BN : 9789381448182 | ISBN : 9789381448199 | ISBN : 9789381448144 | ISBN : 9789381384404 | ISBN : 9789381588451 | ISBN : 9789381588581 | ISBN : 9789381588529 | ISBN : 9789381448137 | ISBN : 9789381448106

SBN : 9789381448175 | ISBN : 9789381448113 | ISBN : 9789381448120 | ISBN : 9789381448151 | ISBN : 9789381384701 | ISBN : 9789381384718 | ISBN : 9789381384862 | ISBN : 9788192079615 | ISBN : 9789381384015

All Books Available on Flipkart, Amazon, Infibeam, Snapdeal, Shopcluse • marketing@vspublishers.com

HEALTH & BEAUTY CARE/FAMILY & RELATIONS/LIFESTYLE

ISBN : 9789350570463 ISBN : 9789381588482 ISBN : 9789381448724 ISBN : 9789381448762 ISBN : 9789381448823 ISBN : 9789381384961 ISBN : 9789381384442 ISBN : 9789381448496 ISBN : 9789381588918

ISBN : 9788122307511 ISBN : 9789381448502 ISBN : 9789381384633 ISBN : 9789381448489 ISBN : 9789381384251 ISBN : 9789350570593 ISBN : 9789381384831 ISBN : 9789381384800 ISBN : 9789350570616

ISBN : 9789381384220 ISBN : 9789381384817 ISBN : 9789381384572 ISBN : 9789381448694 ISBN : 9789381384824 ISBN : 9789381384565 ISBN : 9789381384909 ISBN : 9789350570609 ISBN : 9789381448663

ISBN : 9789381448458 ISBN : 9789381384589 ISBN : 9788192079653 ISBN : 9789381384978 ISBN : 9789381448472 ISBN : 9789381448731 ISBN : 9789350571897 ISBN : 9789381448434 ISBN : 9789381448465

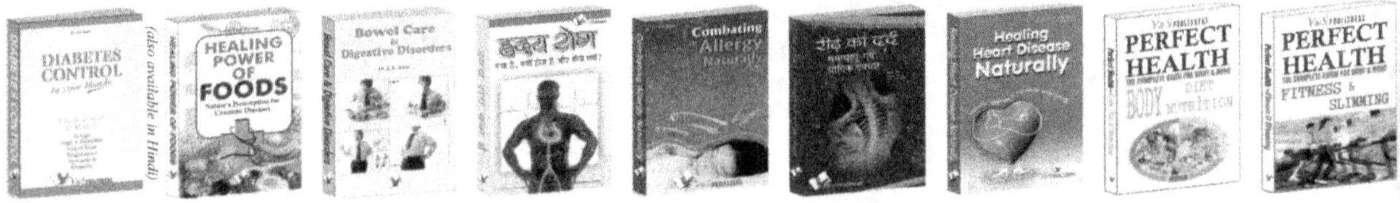

ISBN : 9789381384244 ISBN : 9789381384237 ISBN : 9789381384626 ISBN : 9789381448519 ISBN : 9789381384619 ISBN : 9789381448892 ISBN : 9789381384602 ISBN : 9789381588369 ISBN : 9789381588376

ISBN : 9789381588383 ISBN : 9789381588390 ISBN : 9789381448557 ISBN : 9789381588826 ISBN : 9789381384268 ISBN : 9788122305159 ISBN : 9789381448748 ISBN : 9789381384992 ISBN : 9789381384664

ISBN : 9789381448700 ISBN : 9789381588758 ISBN : 9789381384923 ISBN : 9789350570104 ISBN : 9789381448618 ISBN : 9789381448441 ISBN : 9789381384688 ISBN : 9789381384282 ISBN : 9788122308808

ISBN : 9789381448854 ISBN : 9789381384046 ISBN : 9789381384275 ISBN : 9789381384985 ISBN : 9789381448601 ISBN : 9789381448861 ISBN : 9789381384640 ISBN : 9789381384848 ISBN : 9789381384657

SUBJECT DICTIONARIES/IELTS/ACADEMIC/COMPUTER LEARNING

ISBN : 9789381588611   ISBN : 9789381588628   ISBN : 9789381588642   ISBN : 9789381588635   ISBN : 9789381588833   ISBN : 9789350570326   ISBN : 9789350570319   ISBN : 9789350570333

ISBN : 9789350571224   ISBN : 9789350571231   ISBN : 9789350571460   ISBN : 9789350571453   ISBN : 9789350571484   ISBN : 9789350571477   ISBN : 9789350571668   ISBN : 9789350571538

ISBN : 9789350571415   ISBN : 9789350571439   ISBN : 9789350571422   ISBN : 9789350571361   ISBN : 9789350571354   ISBN : 9789350571378   ISBN : 9789350571149   ISBN : 9789350571330

ISBN : 9789350571651   ISBN : 9789350571286   ISBN : 9789350571255   ISBN : 9789350571262   ISBN : 9789350571293   ISBN : 9789350571279   ISBN : 9789350571569   ISBN : 9789357940368

ISBN : 9789350570241   ISBN : 9789350570234   ISBN : 9789350571965   ISBN : 9789357941365   ISBN : 9789357941549   ISBN : 9789357941556   ISBN : 9789357941563   ISBN : 9789357941570   ISBN : 9789350571934

ISBN : 9789357941501   ISBN : 9789357941518   ISBN : 9789357941525   ISBN : 9789357941532   ISBN : 9789357941747   ISBN : 9789357941716   ISBN : 9789357941709   ISBN : 9789357941723

ISBN : 9789357941730   ISBN : 9789350571693   ISBN : 9789357941655   ISBN : 9789357941662   ISBN : 9789357941679   ISBN : 9789357941686   ISBN : 9789350570173   ISBN : 9789381588895

ISBN : 9789350570142   ISBN : 9789381588536   ISBN : 9789350570159   ISBN : 9789350570128   ISBN : 9789350571316   ISBN : 9789350571989   ISBN : 9789350570135   ISBN : 9789350570166

www.ingramcontent.com/pod-product-compliance
Lightning Source LLC
LaVergne TN
LVHW062314060326
832902LV00013B/2210
9789350571835